オーガニックコットンで編む　赤ちゃんニット

contents

この本ではサイズを月齢で表示しています。サイズの目安として下記を参考にしてください。個人差があるので当てはまらないこともありますし、デザインによって丈やゆるみが違うこともありますので、ご了承ください。

月齢	身長
0〜6カ月	〜65㎝
6〜12カ月	65〜75㎝
12〜18カ月	75〜80㎝
18〜24カ月	80〜90㎝

胴着とレッグウォーマー

0〜12カ月

赤ちゃんの体温調節に一枚あると便利なのが胴着。生まれてすぐから1歳くらいまで、長く使えます。
おそろいのレッグウォーマーとセットで編んであげてください。

デザイン　川路ゆみこ
糸　　　　ハマナカ ポーム《無垢綿》クロッシェ
編み方　　胴着 50 ページ
　　　　　レッグウォーマー 52 ページ

ベビーシューズ

0〜6カ月

ファーストプレゼントにぴったりな、かぎ針編みのシューズ。
男の子にも女の子にも似合うブーツ型のデザインです。肌にやさしいので、素足に履いても安心。

デザイン　川路ゆみこ
糸　　　　ハマナカ ボーム《無垢綿》ベビー
編み方　53ページ

モチーフのおくるみ

2種類のモチーフを交互に配置したモチーフつなぎのおくるみ。
肌触りのよいオーガニックコットンで編んでいるから、赤ちゃんもご機嫌間違いなし。

0カ月〜

デザイン　河合真弓
制作　　　羽生明子
糸　　　　ハマナカ ボーム《無垢綿》ベビー
編み方　　54ページ

a

b

どんぐり帽

a：3〜12カ月　　b：12〜24カ月

トップがちょこんととんがっている形が人気のどんぐり帽。
コットン素材の帽子は一年中使えて便利です。サイズと色をかえて2点紹介します。

デザイン	橋本真由子
糸	ハマナカ ポーム ベビーカラー
編み方	40ページ

ストラップシューズ

b はフラットに、**a** は少しだけハイカットに仕上げました。
プロセス写真で編み方を詳しく解説しているので、初心者さんにもおすすめです。

0〜6カ月

デザイン　かんのなおみ
糸　　　ハマナカ ポーム リリー《フルーツ染め》
編み方　44 ページ

ロングベスト

ねんねの時期は肌着の上からロングベストとして、
少し大きくなったらチュニック風に着こなしても。レーシーな模様とそで口のフリルが愛らしい。

0〜12ヵ月

デザイン　川路ゆみこ
糸　　　　ハマナカ ポーム《無垢綿》クロッシェ
編み方　　57ページ

a

b

かぎ針編みのソックス

0〜6カ月

細めの糸で編んだ繊細な模様のソックスは、大人っぽいカーキと生成りの2色を紹介。
抱っこひもでお出かけするときの、赤ちゃんの足元のおしゃれに。

デザイン　かんのなおみ

糸　　a：ハマナカ ポーム クロッシェ《草木染め》
　　　b：ハマナカ ポーム《無垢綿》クロッシェ

編み方　56 ページ

レッグウォーマーととんがり帽

0〜12ヵ月

ひざの保護や体温調節に役立つレッグウォーマーとお出かけ用の帽子は、一つあると重宝します。
着け心地を考え、かのこ編みで薄手に仕上げました。

デザイン　橋本真由子
糸　　　　ハマナカ ポーム コットンリネン
編み方　　60ページ

うさぎのスタイ

赤い目のかわいいうさぎの顔を見たら、思わず赤ちゃんもにっこりしてくれそう。
このスタイをつけて、お出かけすればみんなの注目を集めること間違いなしです。

3カ月〜

デザイン　青木恵理子
糸　　　　ハマナカ ポーム コットンリネン
編み方　　62 ページ

くまのスタイ

こちらは、くまバージョンのスタイ。ひもの長さは赤ちゃんの首まわりに合わせて調整してください。
お友達の出産祝いのプレゼントにもおすすめです。

3カ月〜

デザイン　青木恵理子
糸　　　　ハマナカ ポーム コットンリネン
編み方　　63 ページ

ヘアバンド

| a : 3〜12ヵ月 | b : 大人用 |

まだ髪が生えそろわない赤ちゃんにも似合う、かわいいヘアバンド。
グレーはお母さん用なので、おそろいコーディネートもいいですね。

デザイン　橋本真由子
糸　　　　ハマナカ ボーム《彩土染め》
編み方　　64 ページ

方眼編みのスタイ

3〜6カ月

ダイヤ柄の模様がおしゃれなスタイは、かわいい赤ちゃんをさらにかわいく見せてくれます。
オーガニックコットンなので、首に直接触れてもチクチクしません。

デザイン　かんのなおみ
糸　　　　ハマナカ ボーム《彩土染め》
編み方　　65 ページ

b

a

くまのにぎにぎ

赤ちゃんの最初のおもちゃとして、贈り物にもぴったりなアイテム。
赤ちゃんが口に入れたりすることもあるので、安心な素材だと嬉しいですね。

0カ月〜

デザイン　青木恵理子
糸　　　　ハマナカ ポーム コットンリネン
編み方　　a：66ページ
　　　　　b：67ページ

果物のがらがら

デザイン　Miya
糸　ハマナカ ポーム ベビーカラー
編み方　68ページ

0ヵ月〜

りんご、バナナ、もも、オレンジ、いちご。中に鈴や鳴き笛を入れてがらがらにしました。
赤ちゃんが大きくなったら、ままごとにも使えます。

ブランケット

デザイン Miya
制作 m.oikawa
糸 ハマナカ ポーム リリー《フルーツ染め》
編み方 70 ページ

0カ月〜

長編みで編んだ淡い5色のダイヤ形モチーフを、こま編みでつないでブランケットに仕上げました。
お昼寝している赤ちゃんにそっとかけてあげたい。

バッグ

赤ちゃんとのお出かけに持ち歩きたい、お母さん用バッグです。
P.18のブランケットとおそろいで編んで、畳んだブランケットをしまっておくのにもよさそうです。

デザイン　Miya
糸　　　　ハマナカ ボーム リリー《フルーツ染め》
編み方　　**72** ページ

ボーダーのベスト

赤ちゃんが重ね着しやすい、薄手のベストです。
女の子用に編むなら、ピンク系と生成りのボーダーにしてもかわいいですね。

12〜18ヵ月

デザイン　風工房
糸　　　　ハマナカ ポーム リリー《フルーツ染め》
編み方　　**74** ページ

丸ヨークカーディガン

ヨーク部分の玉編み模様がかわいいカーディガン。
ネックから編み下げているので、着丈とそで丈は好きな長さに調整することもできます。

6～12ヵ月

デザイン　川路ゆみこ
糸　　　　ハマナカ ボーム《無垢綿》ベビー
編み方　　76 ページ

耳当てつき帽子

12〜18ヵ月

冷たい風から守ってくれる耳当てつきの帽子。
ベルトをボタンでとめるデザインだから、動きが活発な赤ちゃんも脱げる心配がありません。

デザイン　横山純子
糸　　　　ハマナカ ボーム《無垢綿》ベビー
編み方　　104 ページ

マフラーとソックス

男の子に編んであげたい、マフラーとソックスのセット。
クリーム色とグレーの組み合わせがカジュアルで元気な雰囲気です。

6〜12ヵ月

デザイン　風工房
糸　　　　ハマナカ ポーム《彩土染め》
編み方　　78 ページ

フードつきケープ

6〜18ヵ月

そでがないので着せやすく、赤ちゃんをふんわりと包んでくれる、機能的なアイテム。
おすわりを始めた頃から、歩き出す頃まで長く使えます。

デザイン	川路ゆみこ
制作	白川 薫
糸	ハマナカ ポーム リリー《フルーツ染め》
編み方	80 ページ

くまのあみぐるみ

0カ月〜

欧米では赤ちゃんが生まれるとテディベアを贈る習慣があります。
赤ちゃんの最初のお友達として、手作りのくまのあみぐるみをプレゼントするのはいかがですか？

デザイン　ハマナカ企画
糸　　　　ハマナカ ボーム《彩土染め》
編み方　　82ページ

かのこ編みのカーディガン

シンプルなカーディガンは、かわいいパステルカラーで編んであげたい。
前後身ごろを続けて編むので、初めてウエアに挑戦する人にもおすすめです。

12〜18ヵ月

デザイン	風工房
糸	ハマナカ ポーム リリー《フルーツ染め》
編み方	84 ページ

肩あきベスト

手軽に脱ぎ着が可能で、寒暖の差を調整できるのがベストの利点。
表目と裏目だけで編めるシンプルなデザインは、男女どちらにも似合います。

デザイン	横山純子
糸	ハマナカ ボーム《彩土染め》
編み方	86 ページ

30

スカート

同じものを2枚編んではぎ合わせ、ウエストを編んでゴムを通すだけ。
あんよを始めた女の子に着せると、とびきりキュートです。

12〜24カ月

デザイン　河合真弓
制作　　　石川君枝
糸　　　　ハマナカ ポーム《彩土染め》
編み方　　93ページ

半そでカーディガン

デザイン　かんのなおみ
糸　　　ハマナカ ポーム リリー《フルーツ染め》
編み方　88 ページ

18〜24 カ月

ふんわりしたシルエットの半そでのカーディガンは、おしゃれなぶどう色をチョイス。
寒い季節は、長袖の上に重ねて着てもかわいいですよ。

なわ編みカーディガン

トラディショナルな雰囲気がおしゃれな、なわ編みのカーディガン。
定番の生成りやベージュ系で編んでも素敵です。

18〜24カ月

デザイン　横山純子
糸　　　ハマナカ ポーム リリー《フルーツ染め》
編み方　90 ページ

えりつきカーディガン

えりつきだから、少しきちんとした印象になります。
普段着としてはもちろん、発表会や、記念写真を撮るときにもよさそうです。

18〜24カ月

デザイン　風工房
糸　　　ハマナカ ポーム コットンリネン
編み方　94 ページ

ワンピース

おしゃれが大好きな女の子にぴったりな、水色のワンピース。
ワンピースの下に重ね着をしたり、カーディガンを合わせれば、スリーシーズン楽しめます。

18〜24ヵ月

デザイン　風工房
糸　　　　ハマナカ ポーム ベビーカラー
編み方　　**98** ページ

かぎ針編みのパンツ

デザイン　河合真弓
制作　　　石川君枝
糸　　　　ハマナカ ポーム リリー《フルーツ染め》
編み方　　100 ページ

18〜24カ月

歩き始めて動きが活発になった男の子にぴったりなパンツ。
難しい増減がなく、真っすぐ編んだもの2枚をはぎ合わせる、編みやすいつくりです。

半そでワンピース

透かし柄の編み地、丸いえりなど、愛らしさ満点のピンク色のワンピース。
女の子のお母さんやおばあちゃんにぜひ編んでほしい一枚です。

18〜24ヵ月

デザイン	河合真弓
制作	堀口みゆき
糸	ハマナカ ポーム 《彩土染め》
編み方	101ページ

この本の作品は「オーガニックコットン」の糸で編まれています。

オーガニックコットンとは、
過去3年間、農薬や化学肥料を使用していない土地で無農薬有機栽培された綿のこと。
栽培するのには手間がかかりますが、丁寧に育てられたオーガニックコットンは、
生まれたての赤ちゃんにも安心して使える素材です。

そのオーガニックコットンから作られた糸は、
ナチュラルな風合いと、ふんわりとやわらかい肌触りが特徴。
ベビーシューズ、帽子、にぎにぎなど、赤ちゃんの肌に直接触れるものにも最適です。

気持ちがよくて安心なオーガニックコットンの糸で、
大切な赤ちゃんにぜひ小さな贈り物を編んでみてください。

この本で使用した糸

この本の作品はすべて、ハマナカ ポーム シリーズを使用しています。

ポーム《無垢綿（ムクワタ）》

染めずに自然のままの色で仕上げたもの。糸の太さと玉巻のグラムの違いで、種類があります。

クロッシェ

25g玉巻（長さ約107m）。かぎ針3/0号程度。綿100％（ピュアオーガニックコットン）。細めの糸なので、かぎ針編みの繊細な模様が楽しめます。

ベビー

25g玉巻（長さ約70m）。かぎ針5/0号、棒針5〜6号程度。綿100％（ピュアオーガニックコットン）。ウエアにも小物にも向く、汎用性の広い糸。

クロッシェ100　ベビー100

クロッシェとベビーの100g玉巻。クロッシェ100（長さ約428m）、ベビー100（長さ約280m）。糸つなぎが少なくなるので、大きな作品におすすめ。

ポーム コットンリネン

コットンとリネンをブレンド。ソフトさとさらりとした手触りをあわせ持った風合いです。

25g玉巻（長さ約66m）。かぎ針5/0号、棒針5〜6号程度。綿60％、リネン40％（綿、麻ともにピュアオーガニック）。オフホワイトとベージュの2色。小物や雑貨作りにも。

ポーム《彩土染め（ハニ）》

世界の国々の鉱物からできた染料で染めた、やさしい色合いが特徴。

25g玉巻（長さ約70m）。かぎ針5/0号、棒針5〜6号程度。綿100％（ピュアオーガニックコットン）。グレーや淡ピンクなど、ウエアにも使いやすい色がそろっています。

ポーム クロッシェ《草木染め》

草木の染料で染めたあと、環境への負荷が少ない水溶性の直接染料で補強しています。

25g玉巻（長さ約107m）。かぎ針3/0号程度。綿100％（ピュアオーガニックコットン）。ポーム《無垢綿》クロッシェと同じ糸の太さです。

ポーム ベビーカラー

《無垢綿（ムクワタ）》ベビーに水溶性の直接染料を用いて、かわいいカラーに仕上げました。

25g玉巻（長さ約70m）。かぎ針5/0号、棒針5〜6号程度。綿100％（ピュアオーガニックコットン）。パステルからビビッドまで、豊富な色数が特徴。

ポーム リリー《フルーツ染め》

果物の実から抽出した天然色素で染めています。メランジェ調でリリアンタイプの糸です。

25g玉巻（長さ約78m）。かぎ針5/0号、棒針5〜6号程度。綿100％（ピュアオーガニックコットン）。色名はメロン、ブルーベリー、ぶどうなど果物の名前がついています。

※糸の情報は2019年3月現在のものです。

a

b

どんぐり帽の編み方 7ページ

[用意するもの]

糸 ハマナカ ポーム ベビーカラー (25g 玉巻)

a：クリーム色 (93) 40g

b：ミントブルー (97) 45g

針 ハマナカ アミアミ両かぎ針ラクラク5/0号

[ゲージ] 模様編み 20目、10段＝10cm角

[サイズ] **a**：頭まわり44cm 深さ16cm

b：頭まわり48cm 深さ18cm

[編み方]

糸は1本どりで、P.42-43を参照して編みます。

a の目数と増し方

段	目数	増し方
縁編み	88目	増減なし
12〜17	88目	増減なし
11	88目	
10	80目	毎段8目増す
9	72目	
8	64目	
7	56目	毎段16目増す
6	40目	
5	24目	
4	16目	毎段8目増す
2・3	8目	増減なし
1	8目編み入れる	

⌐♂ ＝長編み表引き上げ編み

⌐♀ ＝長編み裏引き上げ編み

a

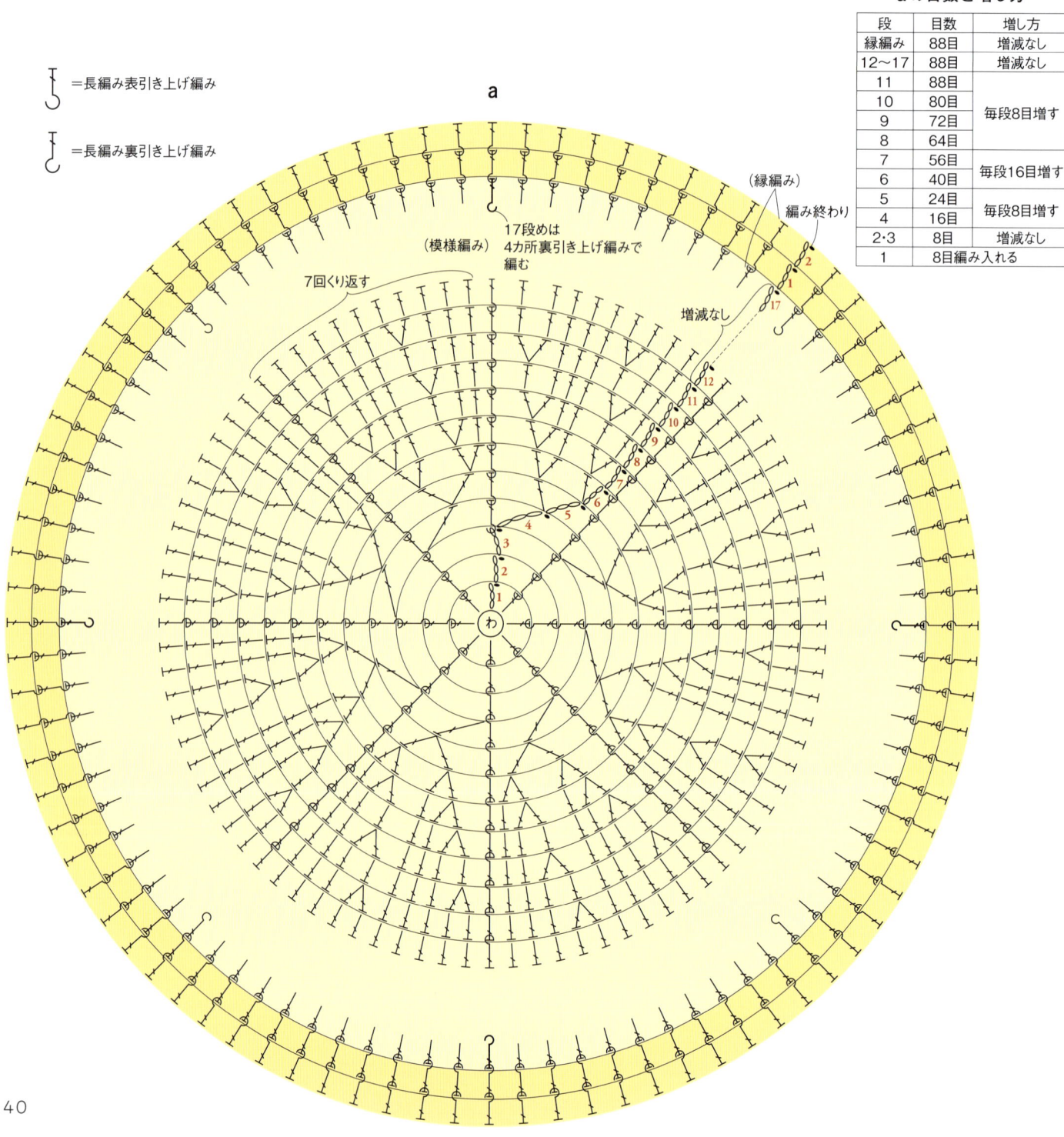

17段めは
4カ所裏引き上げ編みで
編む

（模様編み）

7回くり返す

（縁編み）

編み終わり

増減なし

（わ）

段	目数	増し方
縁編み	96目	増減なし
13〜19	96目	増減なし
12	96目	
11	88目	
10	80目	毎段8目増す
9	72目	
8	64目	
7	56目	毎段16目増す
6	40目	
5	24目	毎段8目増す
4	16目	
2・3	8目	増減なし
1	8目編み入れる	

3cm

a 17cm=17段
b 19cm=19段

a 16cm
b 18cm

（模様編み）

a 44cm=88目
b 48cm=96目

2cm=2段

（縁編み）

b

（縁編み）

編み終わり

（模様編み）

7回くり返す

増減なし

19

13
12
11
10
9
8
7
6
5
4
3
2
1

わ

Ϳ ＝長編み表引き上げ編み

Ϳ ＝長編み裏引き上げ編み

41

※ **b**で解説しています。**a**は **1～19** は **b**と同様に、**20** 以降は P.40 の記号図を参照して同じ要領で編みます。

20 以降は P.40 の記号図を参照して同じ要領で編みます。

糸端を輪にする

1
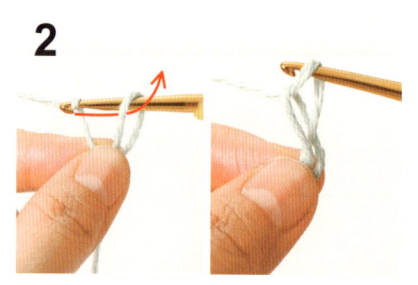
左手に糸をかけ、針先を矢印のようにまわして糸をかける。

2

輪の交点を押さえ、針に糸をかけて引き出す。

3

立ち上がりのくさり 3 目を編み、続けて針に糸をかけて輪の中に針を入れる。

4
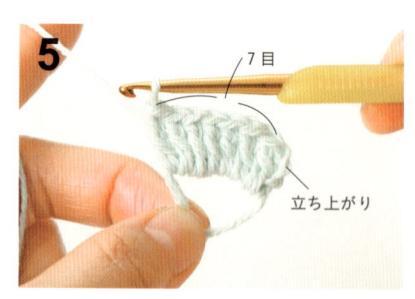
長編みを編む。

5
7目
立ち上がり

同様に輪の中に針を入れ、長編みを計 7 目編み入れる。

6

糸端を引いて中央の輪を引き締め、立ち上がりのくさり 3 目めに引き抜く。

2・3 段め

7

2 段め。立ち上がりのくさり 3 目を編む。

8

針に糸をかけ、1 段めの最初の長編みの足を矢印のように表側からすくう。

9

針に糸をかけ、長めに糸を引き出す。

10

長編みと同じ要領で編む。長編み表引き上げ編みが 1 目編めた。

11

同様に前段の長編みの足をすくい、長編み表引き上げ編みを計 7 目編む。

12
3 段めも立ち上がりのくさり 3 目を編み、長編み表引き上げ編みを計 7 目編む。

13

4段め。立ち上がりのくさり3目を編み、3段めの立ち上がりのくさり目を表側からすくって長編み表引き上げ編みを編む。

14

3段めの最初の長編み表引き上げ編みの頭に長編みを1目編む。

15

針に糸をかけ、**14**と同じ長編みの足を矢印のようにすくって長編み表引き上げ編みを編む。

16

前段の同じ目の頭に長編み、足に長編み表引き上げ編みが編めたところ。**14・15**を計7回くり返す。

17

5段め。立ち上がりのくさり3目を編み、4段めの立ち上がりのくさり3目めに長編みを編む。

18

長編み表引き上げ編みを1目編んだら、次の目に長編みを1目編み、同じ目に長編みをもう1目編む（＝長編み2目編み入れる）。

19

「長編み2目編み入れる」が編めた。同様に5段めの続きを編む。

20

記号図を見ながら19段めまで編む。**a**は17段めの指定の4カ所を長編み裏引き上げ編み（**21・22**参照）で編む。

21

立ち上がりのくさり3目と長編み表引き上げ編みを1目編んだら、針に糸をかけ、前段の長編みの足を矢印のように裏側からすくう。

22

針に糸をかけて長めに糸を引き出し、長編みと同じ要領で編む。長編み裏引き上げ編みが編めた。

23

長編み表引き上げ編みと裏引き上げ編みを1目ずつ交互に編んでいく。

24

縁編みの2段めも同様に編む。でき上がり。

ストラップシューズの編み方 8ページ

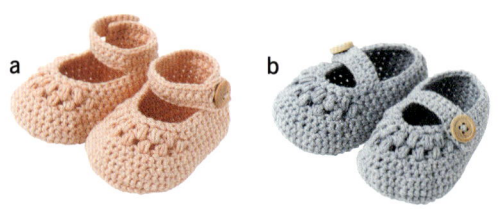

a b

[用意するもの]

糸 ハマナカ ポーム リリー《フルーツ染め》(25g 玉巻)

    a：アプリコット (502) 25g

    b：ブルーベリー (505) 20g

針 ハマナカ アミアミ両かぎ針ラクラク5/0号

その他 直径1.5cmのボタン2個

[ゲージ] こま編み 22目、24段＝10cm角

[サイズ] 足のサイズ10cm

[編み方]

糸は1本どりで、**a** は P.46-48、**b** は P.49を参照して編みます。

この作品は編み地の裏を表にして使用します。

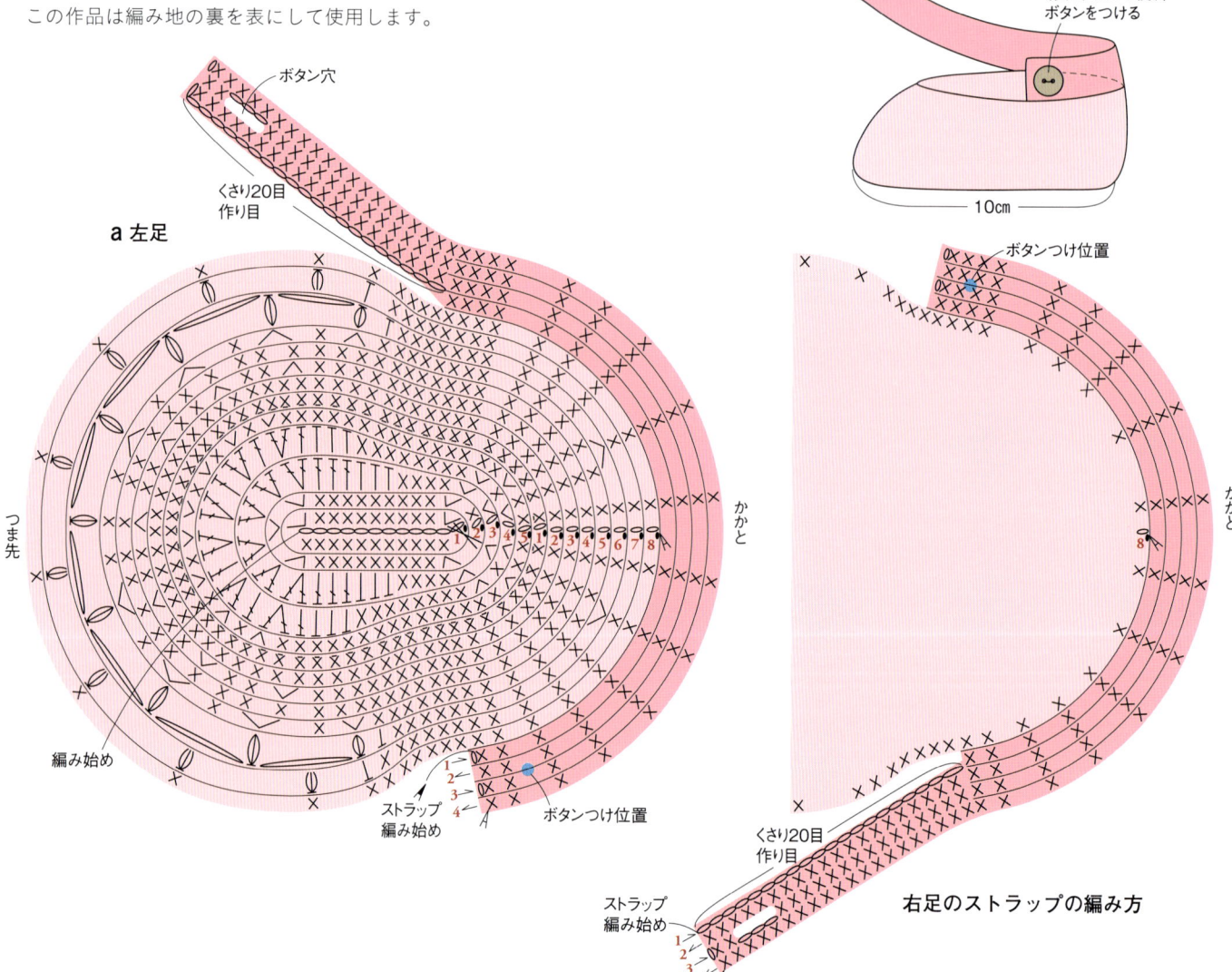

a 左足

右足のストラップの編み方

44

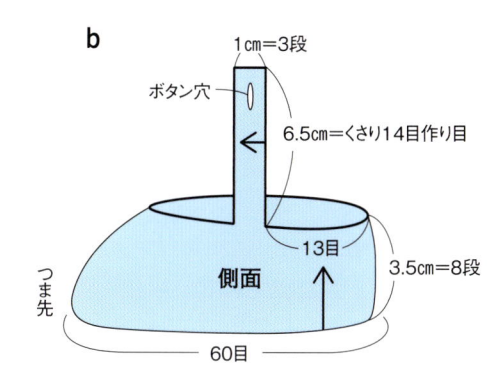

b

1cm=3段
ボタン穴
6.5cm=くさり14目作り目
側面
13目
3.5cm=8段
つま先
60目

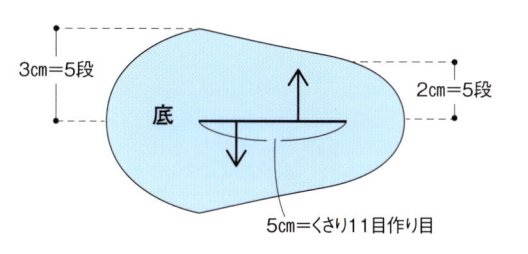

3cm=5段
底
2cm=5段
5cm=くさり11目作り目

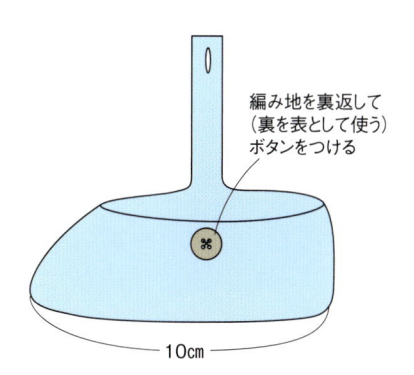

編み地を裏返して
（裏を表として使う）
ボタンをつける
10cm

底、側面の目数と増し方（a、b共通）

	段	目数	増し方
側面	8	36目	増減なし
	7	36目	7目減らす
	6	43目	2目減らす
	5	45目	8目減らす
	4	53目	増減なし
	3	53目	7目減らす
	1・2	60目	増減なし
底	5	60目	
	4	50目	毎段10目増す
	3	40目	
	2	30目	6目増す
	1	24目編む	

※ bは側面8段めでストラップを続けて編む

∨ = こま編み2目編み入れる

∧ = こま編み2目一度

=糸をつける

=糸を切る

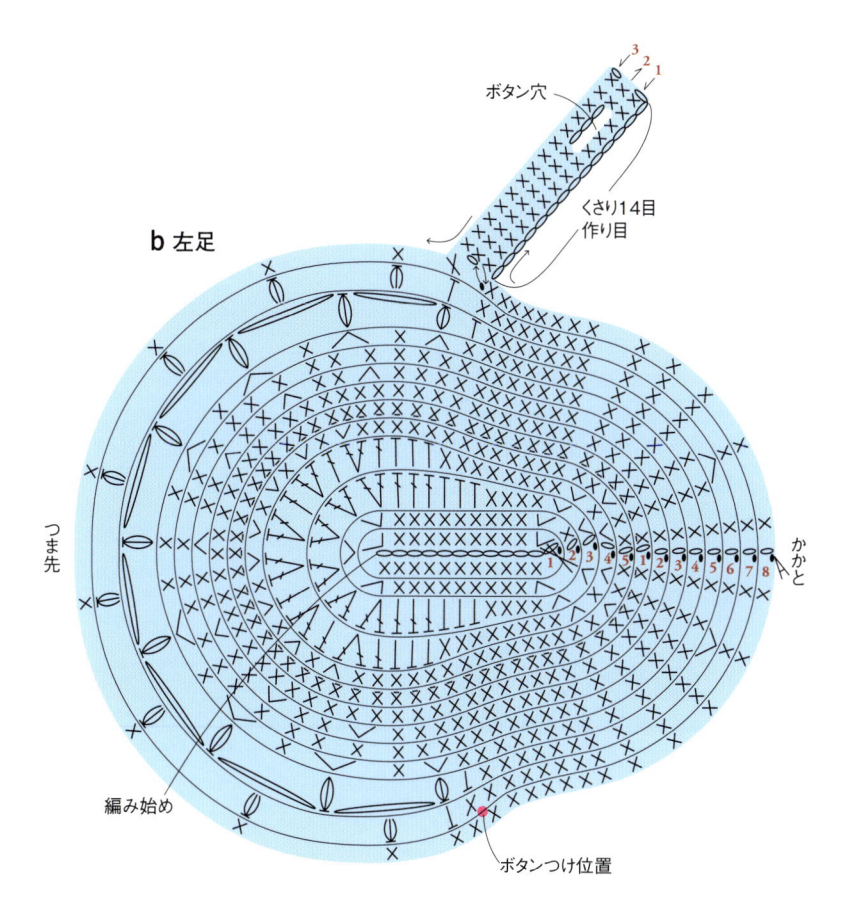

ボタン穴
b 左足
くさり14目
作り目
つま先
かかと
編み始め
ボタンつけ位置

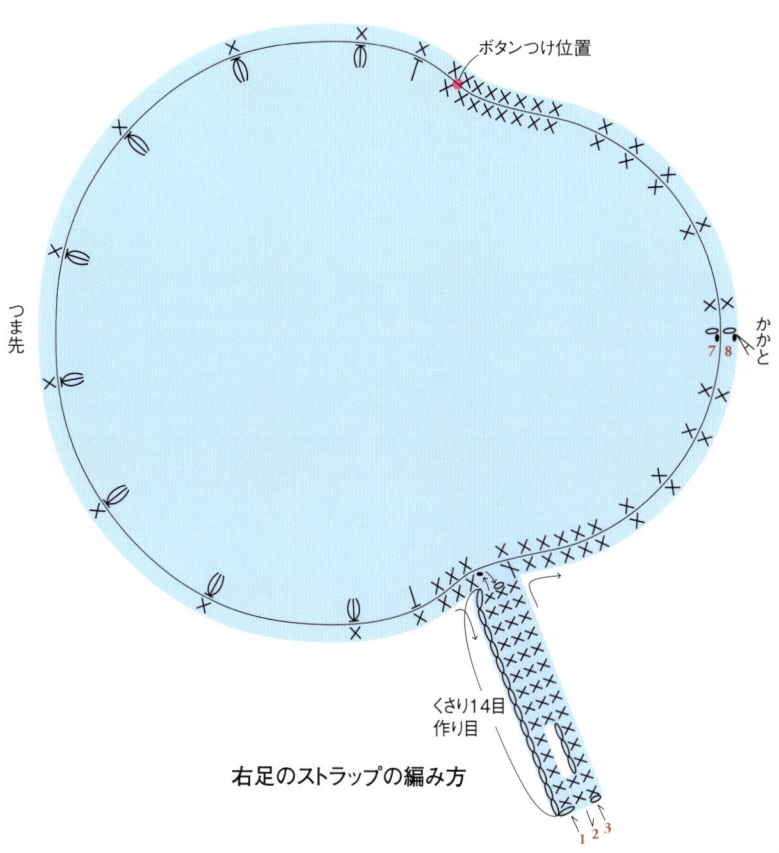

ボタンつけ位置
つま先
かかと
7 8
くさり14目
作り目

右足のストラップの編み方

底を編む

1

くさり11目

作り目のくさりを11目編む。

2

1段め。立ち上がりのくさり1目を編み、くさりの向こう側の半目に針を入れてこま編みを2目編み入れる。

3

くさりの半目に針を入れ、こま編みを1目ずつ、最初のくさり目の手前まで編む。

4

端のくさり目にこま編みを2目編み入れる。

5

編み地の上下の向きをかえ、端のくさり目の残り2本をすくってこま編みを1目編む。

6

続けて作り目の下側を、くさり目の残り2本をすくってこま編みを1目ずつ編んでいく。

7

端まで編んだら最初のこま編みの頭に針を入れ、糸をかけて引き抜く。1段めが編めた。

8

2段め。立ち上がりのくさり1目を編み、最初のこま編みの頭（**7**で引き抜いたところ）に、こま編みを1目編む。

9

次の目には、こま編みを2目編み入れる。続けて記号図を見ながら、こま編みと「こま編み2目編み入れる」で編んでいく。

10

最後のこま編み

2段めの最後のこま編みは、1段めの最初のこま編みの頭に針を入れて編む。

11

2段めの編み終わりを引き抜いたら、3段めの立ち上がりのくさり1目を編み、「こま編み2目編み入れる」を2回、こま編み4目を編む。

12

長編み

中長編み

中長編みを3目、長編みを3目編む。

13

次の目は、「長編み2目編み入れる」を編む。

14

「長編み2目編み入れる」を計6回くり返す。つま先側に長編みを編むことで、足の形ができていく。

15

続けて3段めを編む。

16

記号図を見ながら、5段めまで編む。底が編めた。

側面を編む

17

側面の1段めはこま編みのすじ編みを編む。立ち上がりのくさり1目を編み、前段のこま編みの頭の向こう側1本に針を入れてこま編みを編む。

18

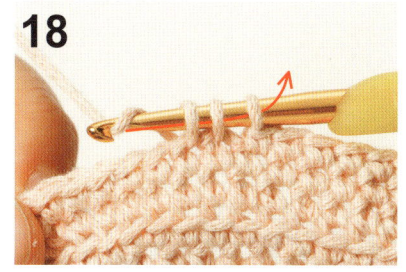

2段めはこま編みを編む。3段めはつま先側で「こま編み2目一度」をする。次の目とその次の目にこま編みの要領で糸を引き出し、針に糸をかける。

19

全部のループを一度に引き抜く。「こま編み2目一度」が編めた。

20

6段めの「中長編み3目の玉編み」は、針に糸をかけて次の目に中長編みの要領で糸を引き出す。

21

同じ目にあと2回、**20**をくり返す。このとき、3目の高さがそろうように気をつける。

22

針に糸をかけ、ループを一度に引き抜く。中長編み3目の玉編みが編めた。続けてくさり1目を編む。

23

7段めの中長編み3目の玉編みは、前段の玉編みと玉編みの間の空間に針を入れて編む。

24

8段めをこま編みで編み、編み終わりは引き抜いて糸を切る。側面が編めた。同じものをもう1枚編む。

※わかりやすくするため、糸の色をかえています。

25

左足のストラップ。側面の最終段の指定の位置に糸をつける。

26

立ち上がりのくさり1目を編み、側面の最終段にこま編みを編んでいく。

27

こま編みを16目編んだら、続けてくさり20目を編む。

28

立ち上がりのくさり1目を編み、くさり目の裏山をすくってこま編みを編む。

29

ストラップ部分とかかと側を往復してこま編みを編む。3段めのボタン穴のところは、くさり3目を編んで穴をあける。

30

4段め。ボタン穴のところは、くさりの向こう側の半目と裏山に針を入れてこま編みを編む。

31

ストラップが編めた。あとで裏返すので、これが左足になる。

32

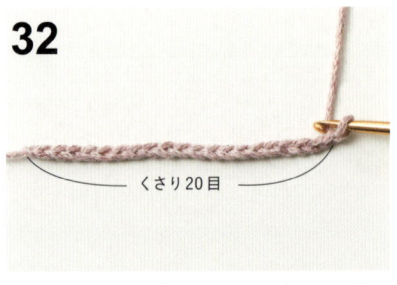

右足のストラップはストラップ用に、作り目のくさりを20目編む。

33

くさりから続けて、指定の位置にこま編みを編んでいく。

34

左足と同様にボタン穴をあけながら、ストラップ部分を往復で編む。

ボタンをつける

35

編み地を裏返して（裏を表として使う）、指定の位置にそれぞれボタンをつける。

36

aのでき上がり。

1

P.46・47の**1**〜**23**を参照して、**a**と同様に側面の7段めまで編み、糸を休める。同じものをもう1枚編む。

2

左足のストラップ。休めておいた糸で8段めの立ち上がりのくさり1目を編み、こま編みを13目編む。

3

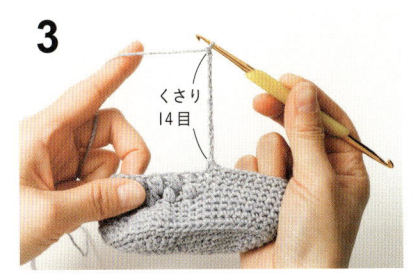

くさり14目

続けてくさり14目を編む。

4

立ち上がりのくさり1目を編み、くさり目の裏山をすくってこま編みを14目編む。

5

側面の最終段（**2**でこま編みを編んだ13目め）に引き抜く。

6

引き抜いたところ。

7

立ち上がりのくさり1目を編んで向きをかえ、ストラップ部分を往復してこま編みを編む。

8

ボタン穴のところは、**a**の**29・30**を参照して編む。

9

ストラップ部分を編んだら、続けて側面の8段めを編んでいく。

10

8段めの編み始めまで編んだら、引き抜いて糸を切る。左足のストラップが編めた。あとで裏返すので、これが左足になる。

11

右足のストラップは、8段めのこま編みを26目編んだら、続けてくさり14目を編み、ボタン穴をあけながら同様に編む。

12

編み地を裏返して（裏を表として使う）、指定の位置にそれぞれボタンをつける。**b**のでき上がり。

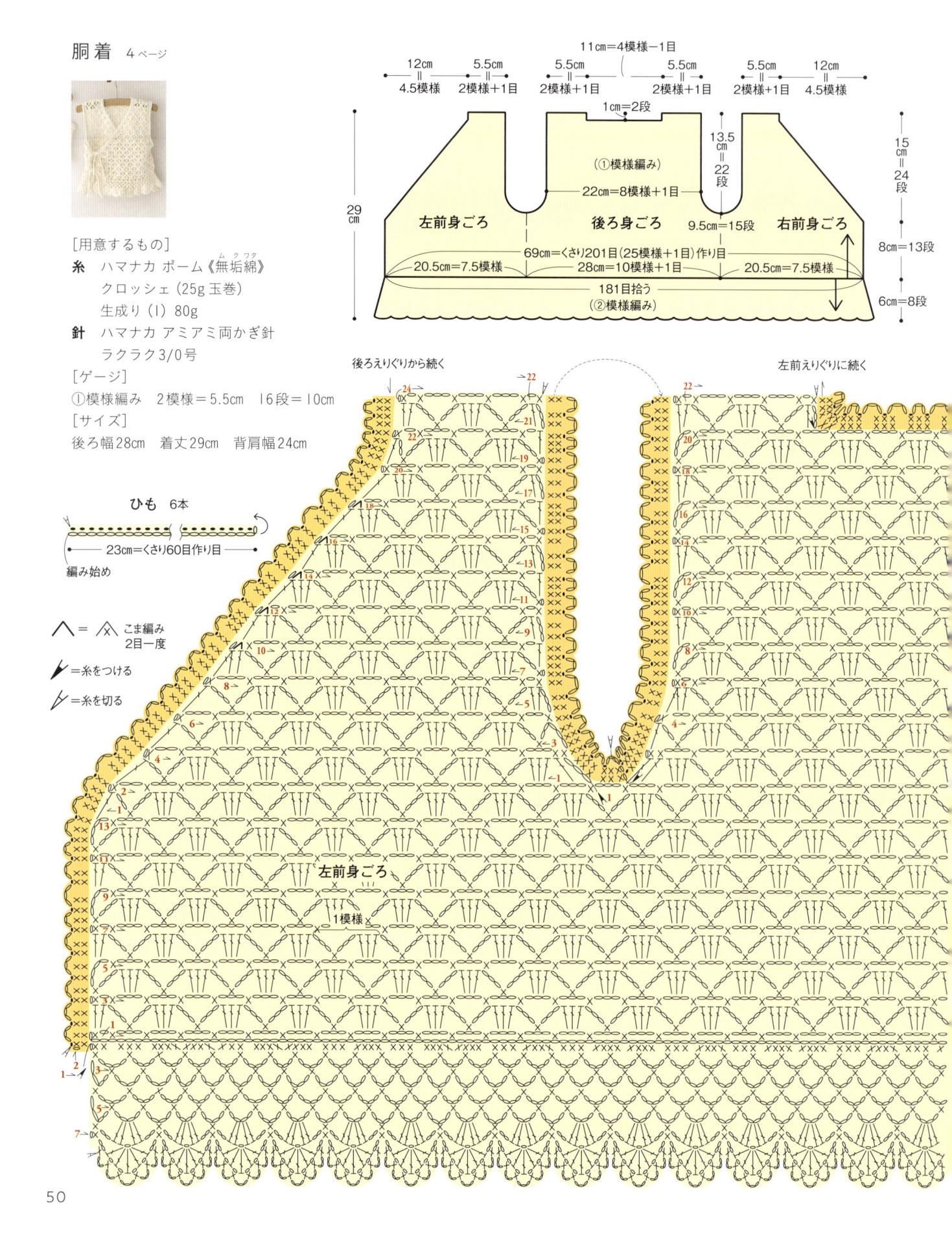

[用意するもの]

糸　ハマナカ ポーム《無垢綿》
　　クロッシェ（25g 玉巻）
　　生成り（1）80g

針　ハマナカ アミアミ両かぎ針
　　ラクラク3/0号

[ゲージ]
①模様編み　2模様＝5.5cm　16段＝10cm

[サイズ]
後ろ幅28cm　着丈29cm　背肩幅24cm

ひも　6本

23cm＝くさり60目作り目

編み始め

︿ ＝ ︽︽ こま編み
2目一度

＝糸をつける

＝糸を切る

11cm＝4模様−1目

12cm
‖
4.5模様

5.5cm
‖
2模様＋1目

5.5cm
‖
2模様＋1目

5.5cm
‖
2模様＋1目

5.5cm
‖
2模様＋1目

12cm
‖
4.5模様

1cm＝2段

（①模様編み）

13.5
cm
‖
22
段

15
cm
‖
24
段

29
cm

左前身ごろ

後ろ身ごろ

9.5cm＝15段

右前身ごろ

8cm＝13段

22cm＝8模様＋1目

69cm＝くさり201目（25模様＋1目）作り目

6cm＝8段

20.5cm＝7.5模様

28cm＝10模様＋1目

20.5cm＝7.5模様

181目拾う
（②模様編み）

後ろえりぐりから続く

左前えりぐりに続く

左前身ごろ

1模様

50

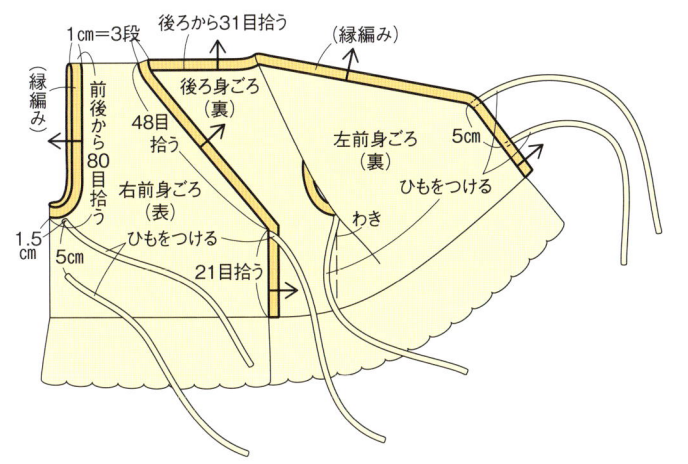

[編み方]　糸は1本どりで編みます。

1 前後身ごろは続けてくさり201目を作り目し、①模様編みで図のように13段編みます。

2 前えりぐりの減らし目をしながら2段編み、前後に分けてそれぞれそでぐり、えりぐりを減らしながら肩まで編みます。

3 肩をくさりはぎにし、作り目から拾い目してすそに②模様編みを編みます。

4 前端、えりぐり、そでぐりに縁編みを編みます。

5 ひもを6本編み、縫いつけます。

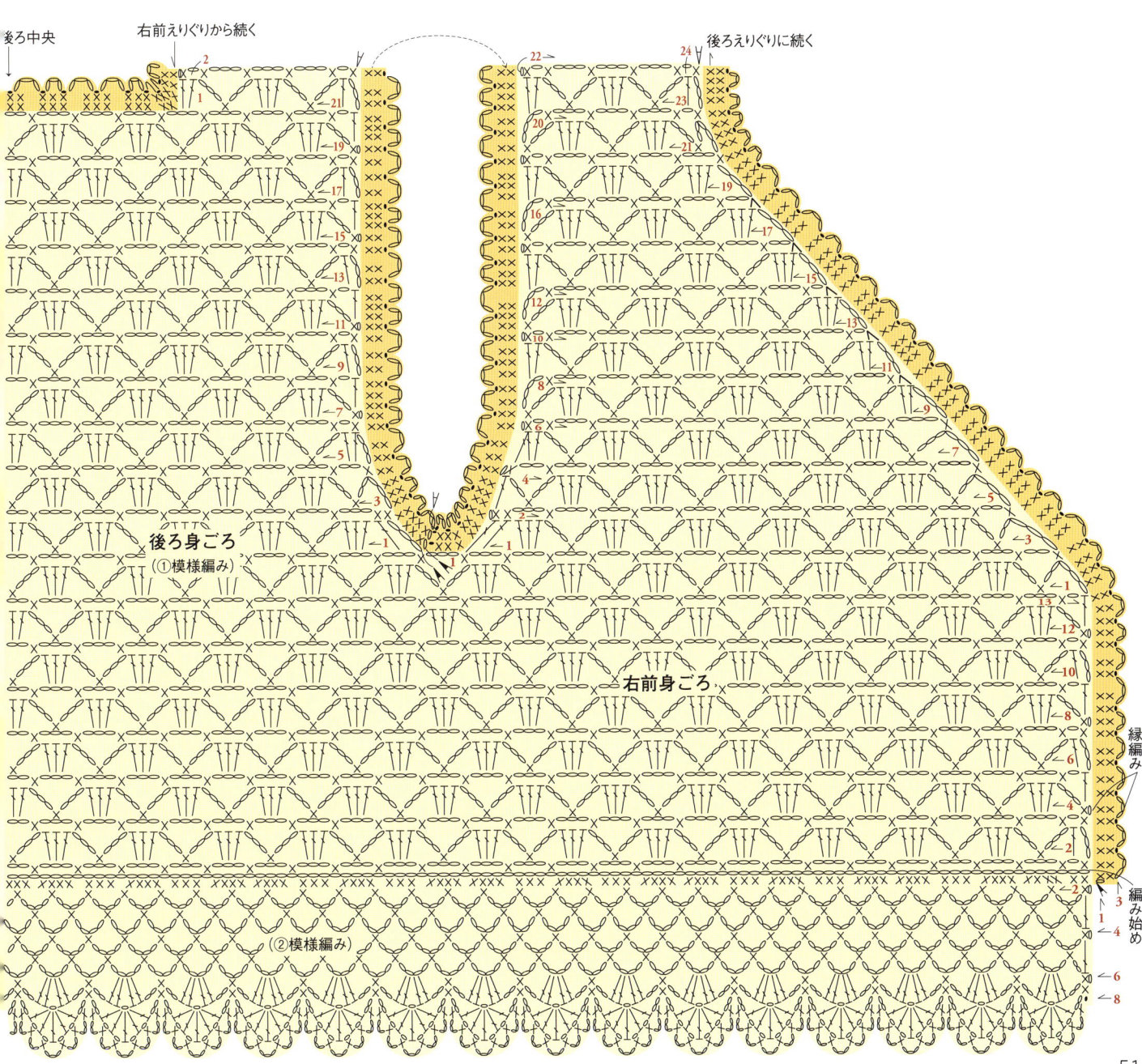

51

レッグウォーマー 4ページ

[用意するもの]
糸 ハマナカ ポーム《無垢綿(ムクワタ)》
　　クロッシェ（25g玉巻）　生成り（1）20g
針 ハマナカ アミアミ両かぎ針ラクラク3/0号
[ゲージ]　①模様編み　2模様＝5.5cm　16段＝10cm
[サイズ]　筒まわり16.5cm　丈14cm

[編み方]　糸は1本どりで編みます。
1　くさり48目作り目して輪にします。
2　①模様編みで増減なく19段編み、続けて②模様編みで4段編みます。
3　同じものをもう1枚編みます。

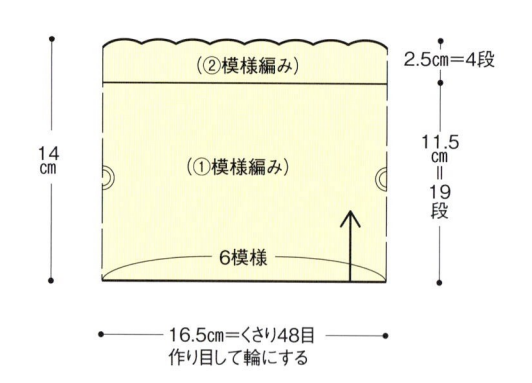

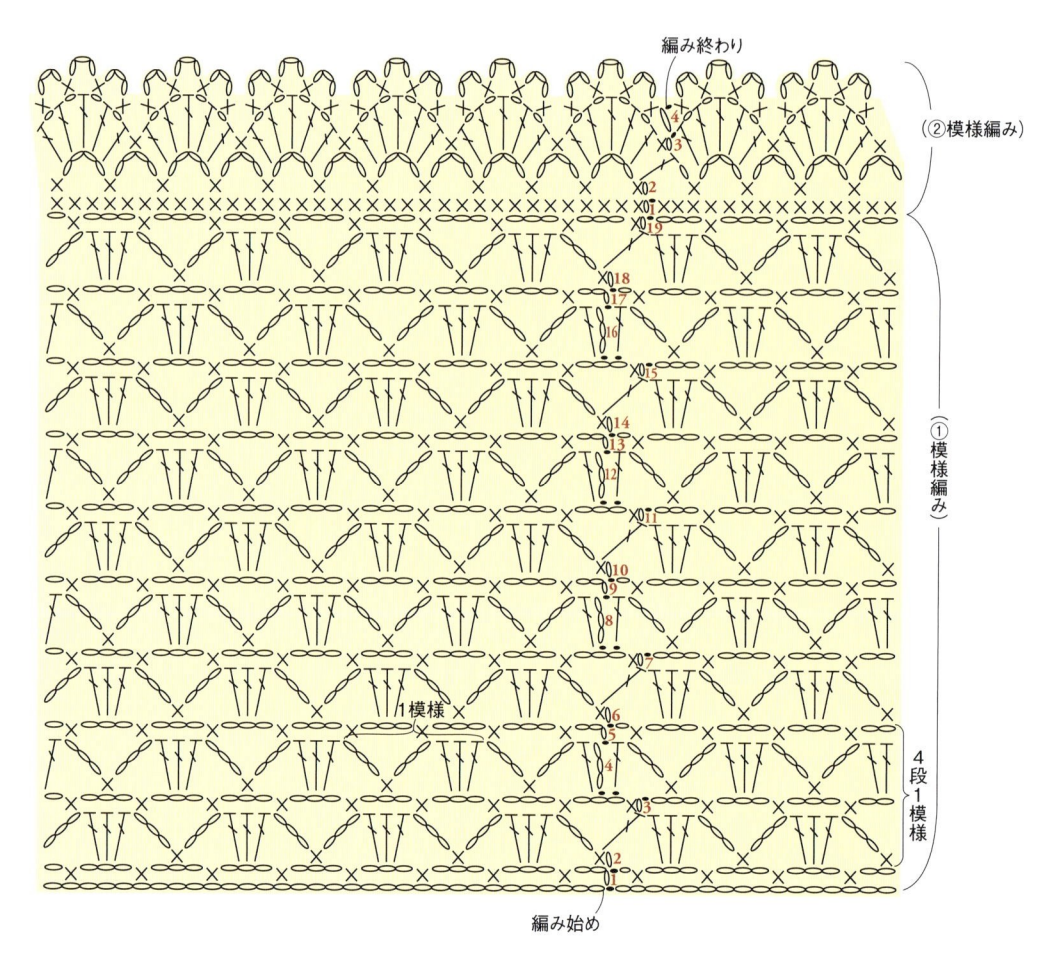

ベビーシューズ 5ページ

[用意するもの]

糸 ハマナカ ポーム《無垢綿》
　　ベビー（25g玉巻）　生成り（11）25g
針 ハマナカ アミアミ両かぎ針ラクラク5/0号、4/0号
[ゲージ]　こま編み　24目＝10cm　5段＝2cm
　　　　　中長編み　24目＝10cm　5段＝3cm
[サイズ]　足のサイズ9.5cm

[編み方]

糸は1本どりで指定以外5/0号針で編みます。

1 くさり13目を作り目し、底をこま編みで図のように増しながら編みます。

2 続けてこま編みのすじ編みを1段、こま編み2段を増減なく編みます。

3 4/0号針にかえ、中長編みで甲とかかとを図のように減らしながら編みます。

4 5/0号針に戻し、足首を模様編みで編みます。

5 ひもを編んで通します。

6 もう片方も同様に編みます。

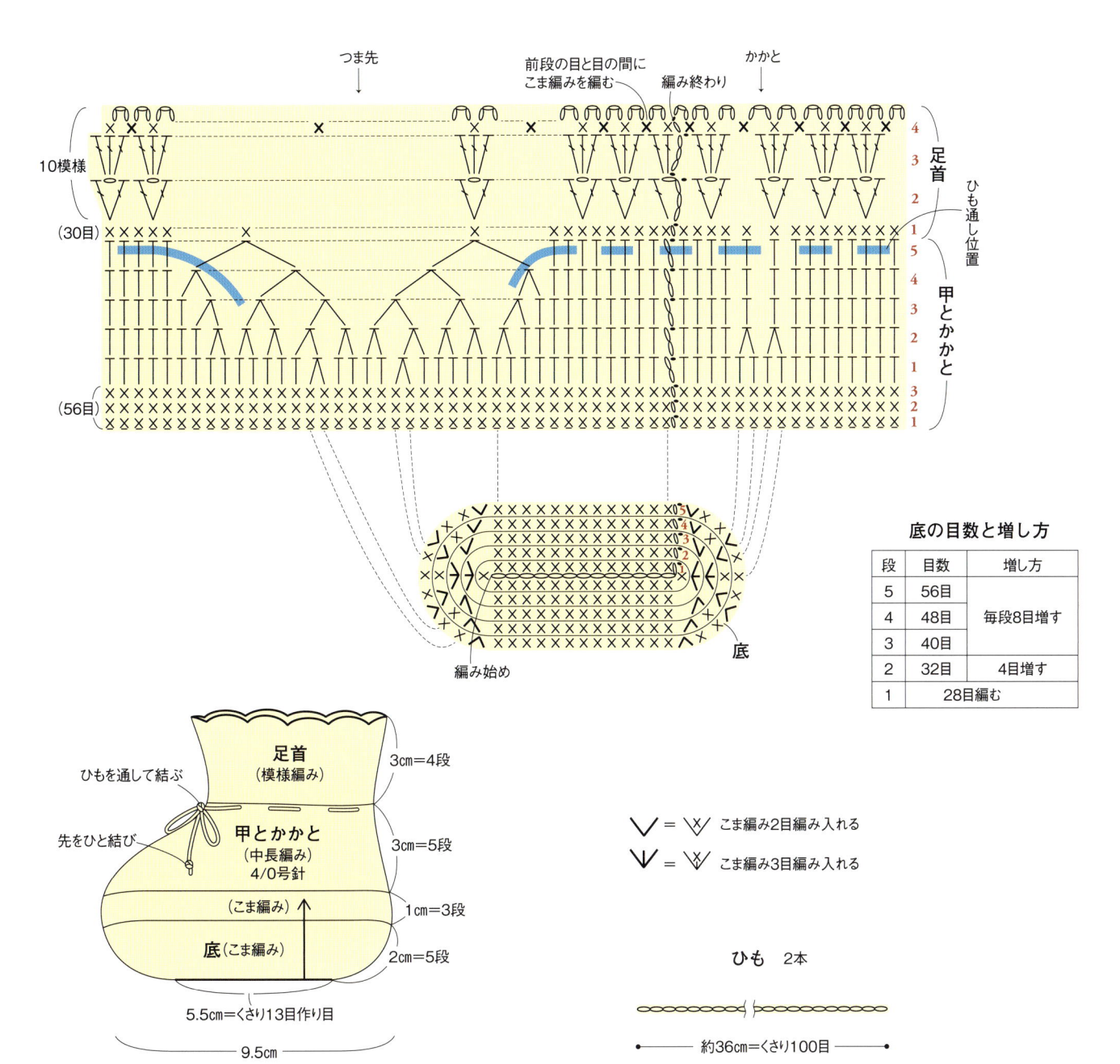

底の目数と増し方

段	目数	増し方
5	56目	毎段8目増す
4	48目	
3	40目	
2	32目	4目増す
1	28目編む	

つま先

前段の目と目の間にこま編みを編む

編み終わり

かかと

10模様

足首

ひも通し位置

（30目）

甲とかかと

（56目）

編み始め

底

足首（模様編み）　3cm＝4段

ひもを通して結ぶ

先をひと結び

甲とかかと（中長編み）4/0号針　3cm＝5段

（こま編み）　1cm＝3段

底（こま編み）　2cm＝5段

5.5cm＝くさり13目作り目

9.5cm

$\vee$ ＝ こま編み2目編み入れる

$\vee$ ＝ こま編み3目編み入れる

ひも　2本

約36cm＝くさり100目

モチーフのおくるみ 6ページ

[用意するもの]

糸 ハマナカ ボーム《無垢綿》

ベビー100（100g玉巻） 生成り（411）、または

ベビー（25g玉巻） 生成り（11） 310g

針 ハマナカ アミアミ両かぎ針ラクラク6/0号

[モチーフの大きさ] 9cm角

[サイズ] 76cm角

[編み方] 糸は1本どりで編みます。

1 モチーフA、Bは糸端を輪にする方法で作り目し、
図のように編みます。

2 2枚めから最終段でつなぎながら64枚を編みます。

3 まわりに縁編みを編みます。

寸法配置図

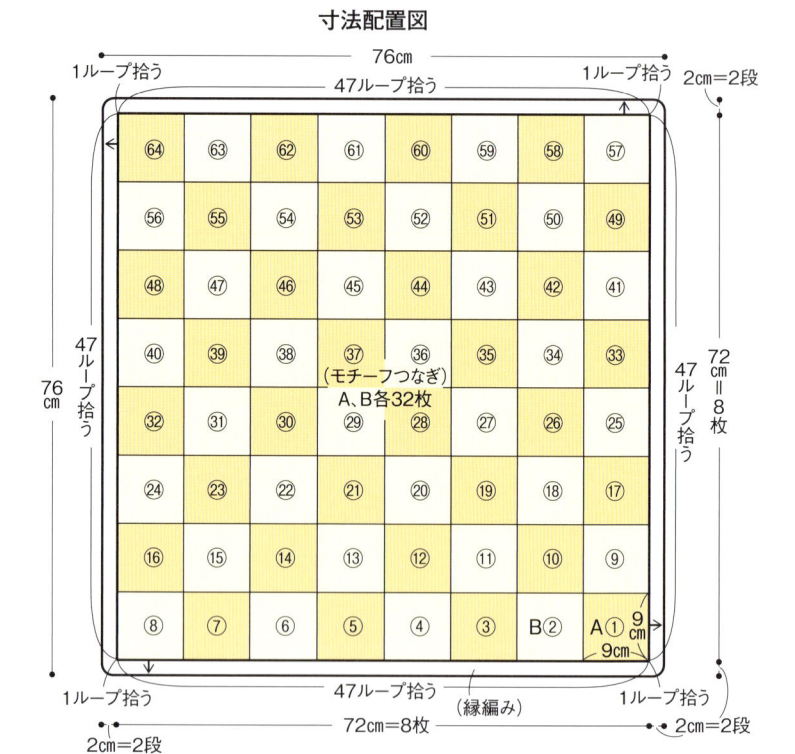

（モチーフつなぎ）
A、B各32枚

（縁編み）

モチーフ**A**	モチーフ**B**
32枚	32枚

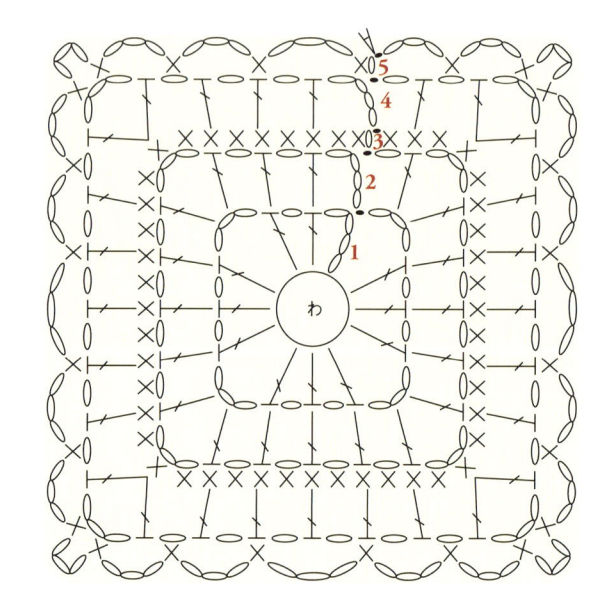

=糸をつける

=糸を切る

=中長編み3目の変形玉編み
（P.106参照）

54

モチーフのつなぎ方と縁編み

[用意するもの]

糸　**a**：ハマナカ ポーム クロッシェ《草木染め》
　　　（25g玉巻）カーキ（72）20g

　　b：ハマナカ ポーム《無垢綿》クロッシェ
　　　（25g玉巻）生成り（1）20g

針　ハマナカ アミアミ両かぎ針ラクラク3/0号

[ゲージ]

中長編み　26目＝10cm　13段＝6.5cm

模様編み　26目＝10cm　11段＝4cm

[サイズ]　足のサイズ9cm

[編み方]　糸は1本どりで編みます。

1 糸端を輪にする方法で作り目し、中長編みと模
　様編みで底と甲を図のように編みます。

2 続けて中長編みでかかとを往復で編みます。

3 甲、かかとから拾い目をし、模様編みで足首を
　輪に編みます。

4 続けて縁編みを編みます。

5 かかとを巻きかがりではぎ合わせます。

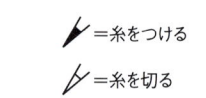

✑＝糸をつける

✑＝糸を切る

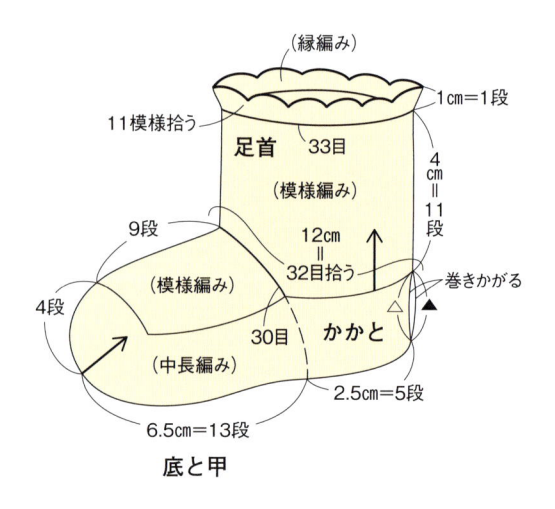

底と甲

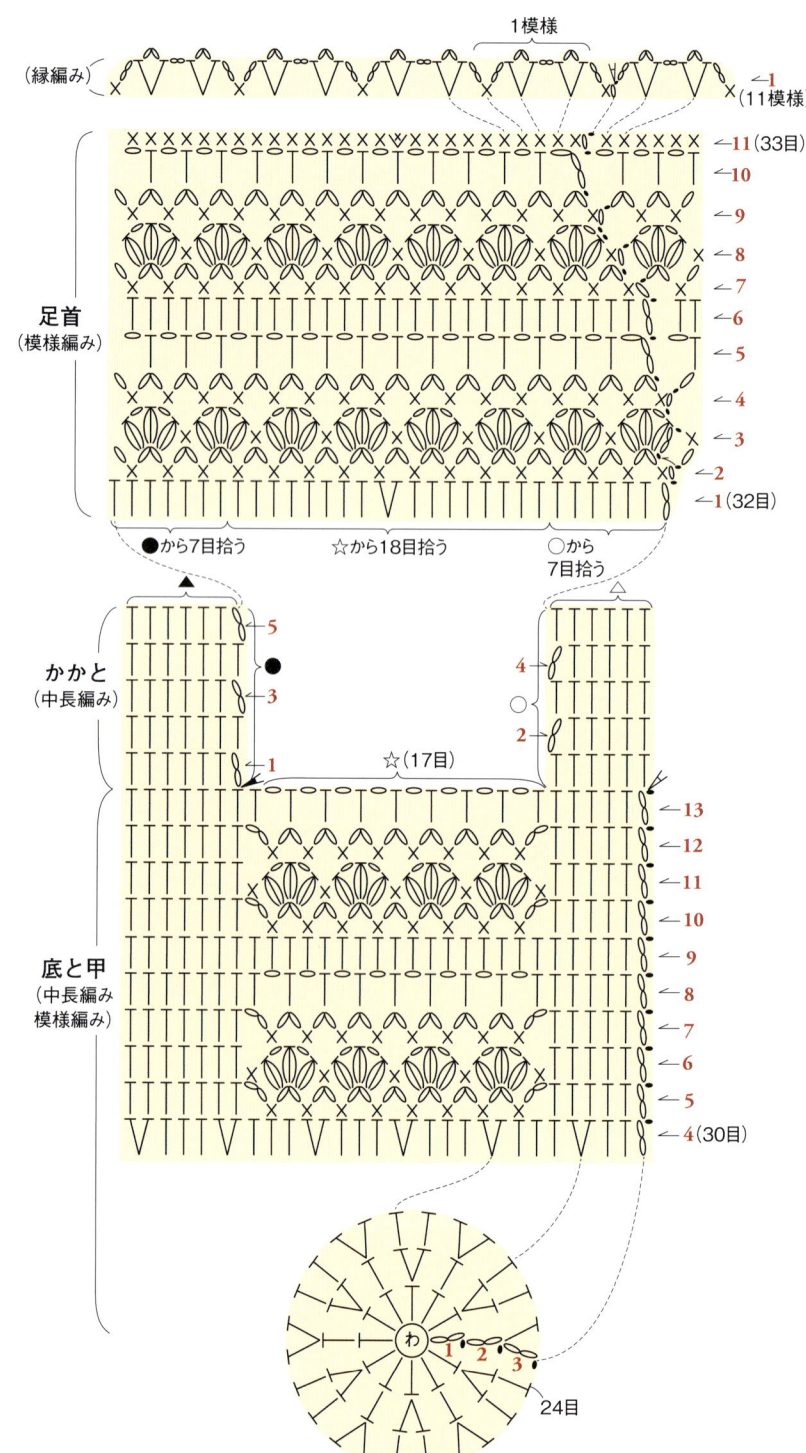

ロングベスト 9ページ

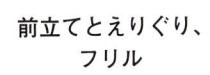

[用意するもの]

糸 ハマナカ ポーム《無垢綿（ムクワタ）》
クロッシェ100（100g玉巻）生成り（401）、または
クロッシェ（25g玉巻）生成り（1）120g

針 ハマナカ アミアミ両かぎ針ラクラク3/0号

その他 直径1.3cmのボタン6個

[ゲージ] ①模様編み　26目、16段＝10cm角
②模様編み　1模様＝3cm　4模様（8段）＝7cm

[サイズ] 胸囲55cm　着丈37cm
背肩幅（フリルを含む）29.5cm

[編み方]　糸は1本どりで編みます。

1 前後身ごろはそれぞれくさりで作り目し、①模様編みで図のように編みます。

2 わきをくさりとじにし、肩を巻きかがりではぎます。

3 前後身ごろから続けて拾い目し、スカートを②模様編みで編みます。

4 前端、えりぐりから続けて拾い目して縁編みを編みますが、上前立てにはボタン穴をあけながら編みます。

5 そでぐりから拾い目し、③模様編みでフリルを編みます。

6 下前立てにボタンをつけます。

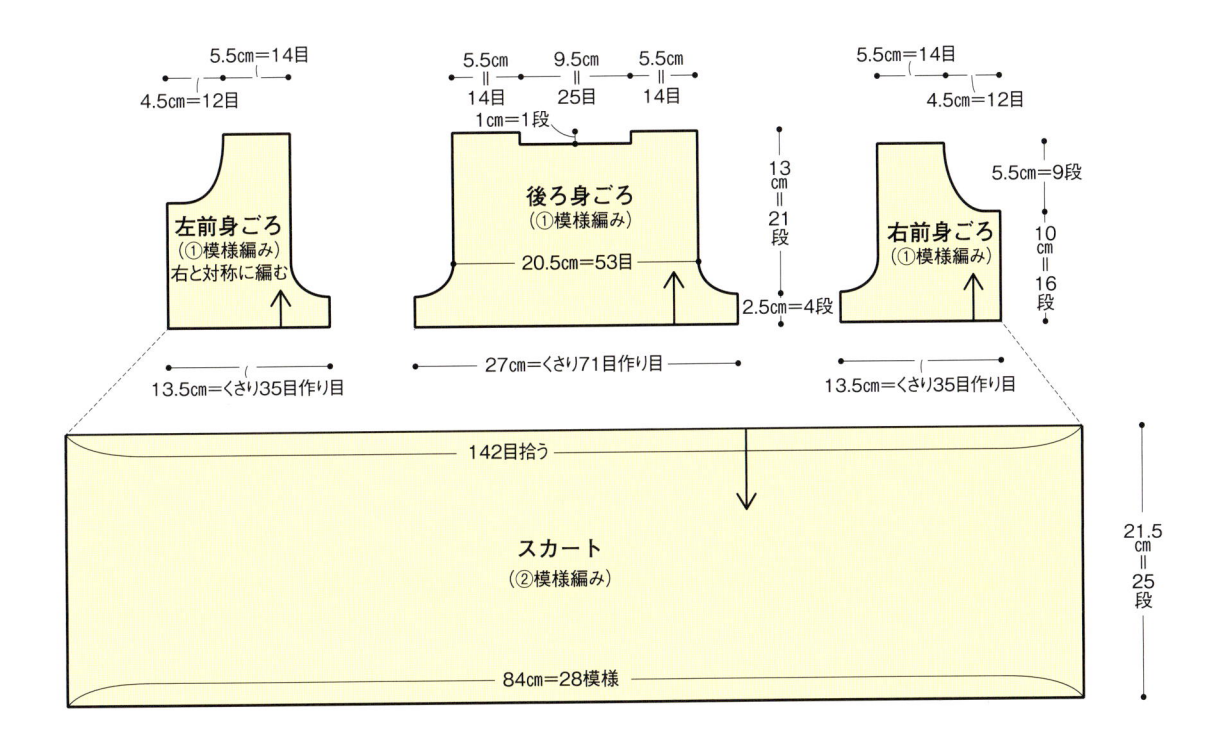

前立てとえりぐり、
フリル

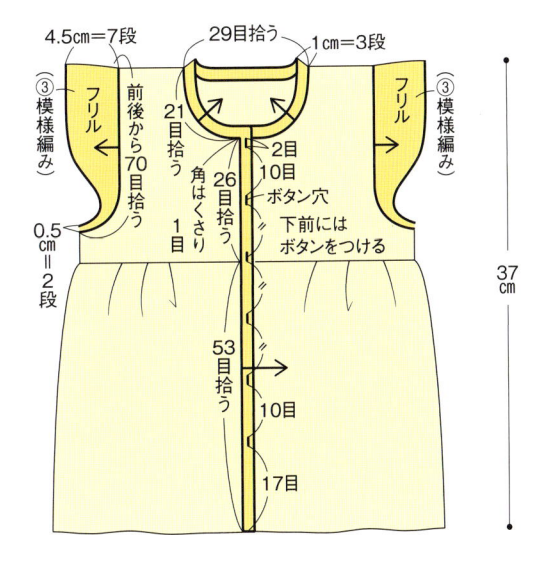

次ページに続く

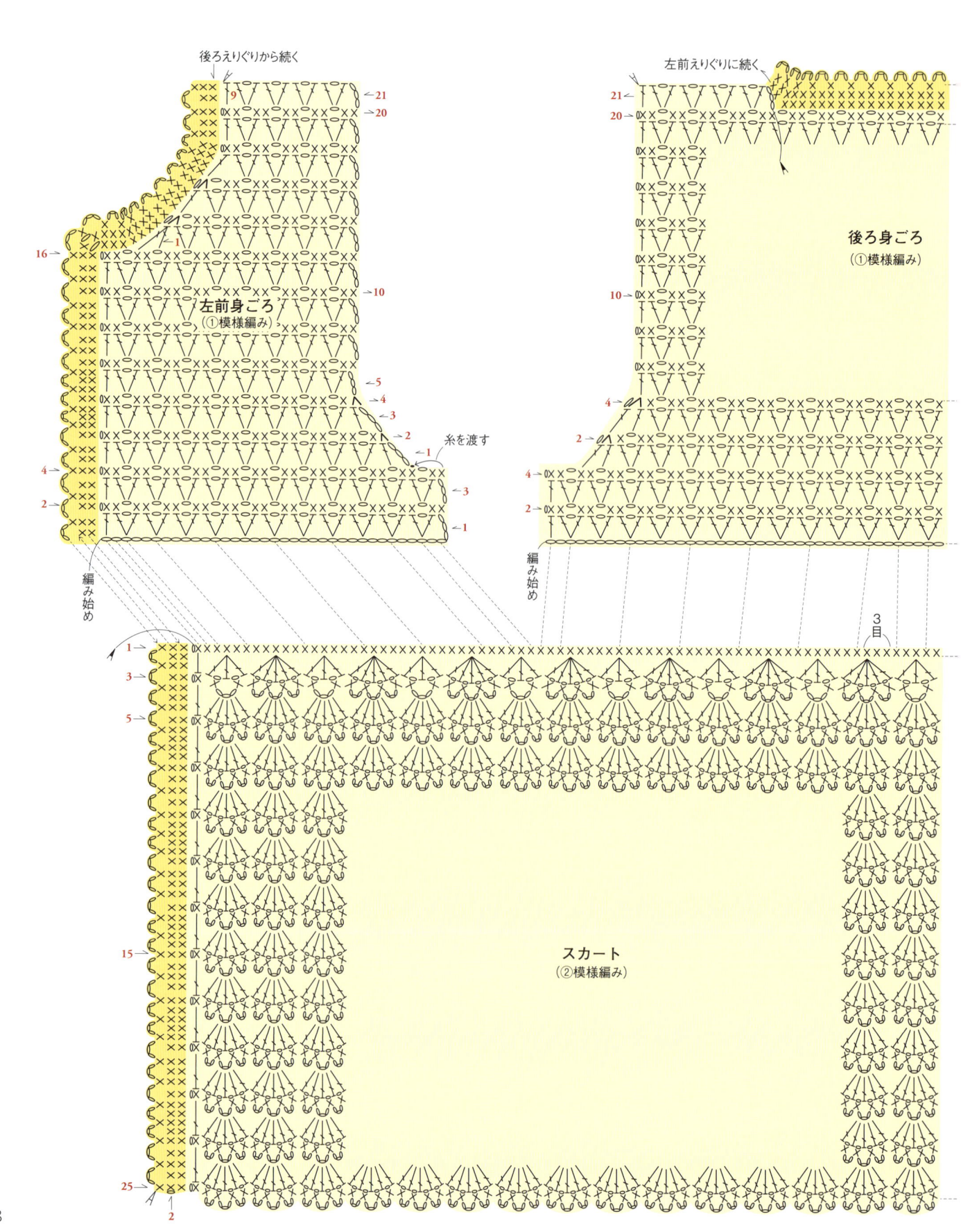

後ろえりぐりから続く

左前身ごろ
（①模様編み）

糸を渡す

編み始め

左前えりぐりに続く

後ろ身ごろ
（①模様編み）

編み始め

3目

スカート
（②模様編み）

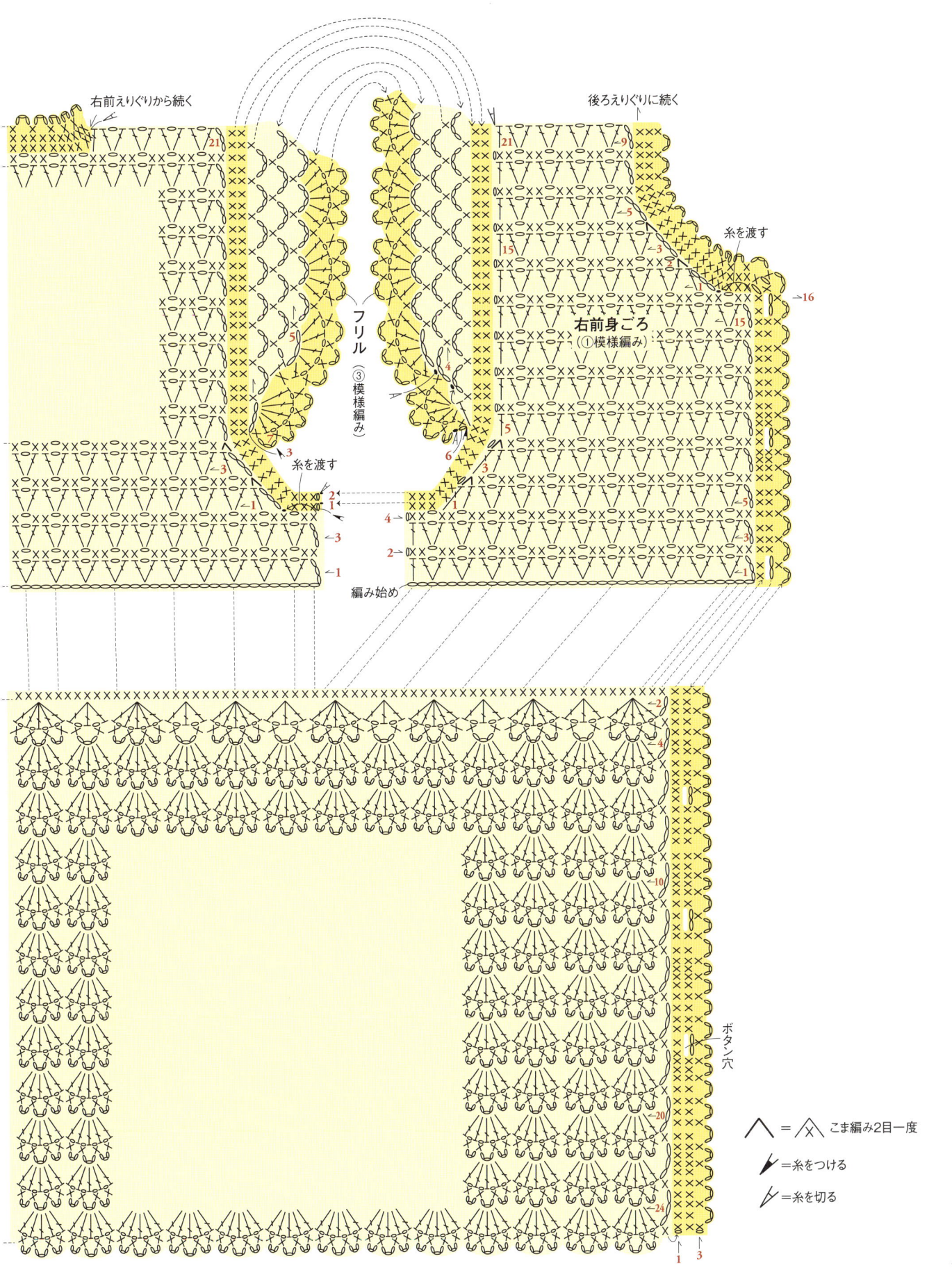

右前えりぐりから続く

後ろえりぐりに続く

糸を渡す

→16

フリル
（③模様編み）

右前身ごろ
（①模様編み）

糸を渡す

糸を渡す

編み始め

ボタン穴

$\bigwedge$ = $\bigwedge$ こま編み2目一度

$\diagdown$ =糸をつける

$\diagdown$ =糸を切る

59

レッグウォーマーととんがり帽 11 ページ

[用意するもの]

糸 ハマナカ ポーム コットンリネン
（25g 玉巻）ベージュ（202）
レッグウォーマー 40g　帽子 35g

針 ハマナカ アミアミ 5 号、3 号短 5 本棒針

[ゲージ] かのこ編み　22目、32段＝10cm角

[サイズ] レッグウォーマー　筒まわり16cm　丈24cm
帽子　頭まわり44cm　深さ15cm

[編み方] 糸は1本どりで編みます。

レッグウォーマー

1 一般的な作り目で36目作り目して輪にし、1目ゴム編みで11段編みます。

2 針をかえて、かのこ編みで58段、1目ゴム編みで10段編み、編み終わりを伏せ止めます。

3 もう片方も同様に編みます。

帽子

1 一般的な作り目で96目作り目して輪にし、1目ゴム編みで8段編みます。

2 針をかえて、かのこ編みで25段編みます。

3 トップを図のように減らしながら49段編み、残った目に糸を通して絞ります。

4 トップをひと結びします。

レッグウォーマー

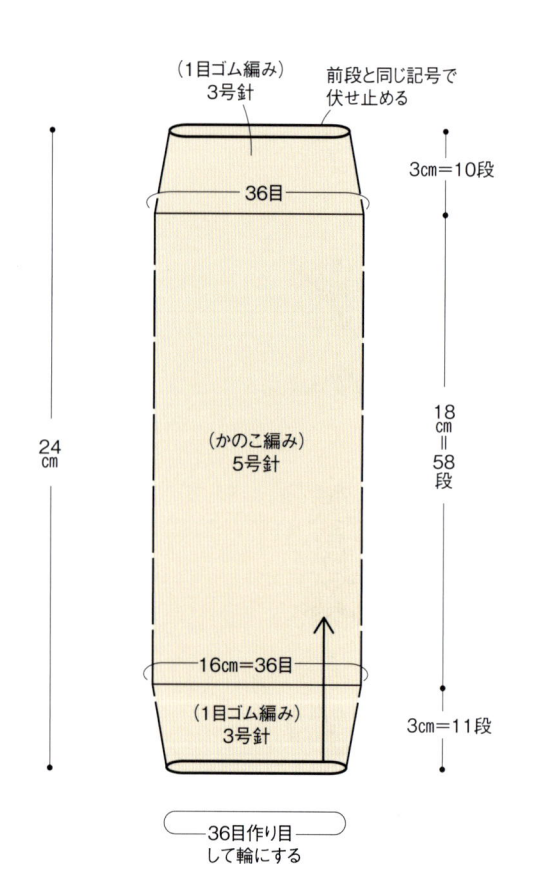

（1目ゴム編み）3号針

前段と同じ記号で伏せ止める

3cm＝10段

36目

（かのこ編み）5号針

18cm＝58段

24cm

16cm＝36目

（1目ゴム編み）3号針

3cm＝11段

36目作り目して輪にする

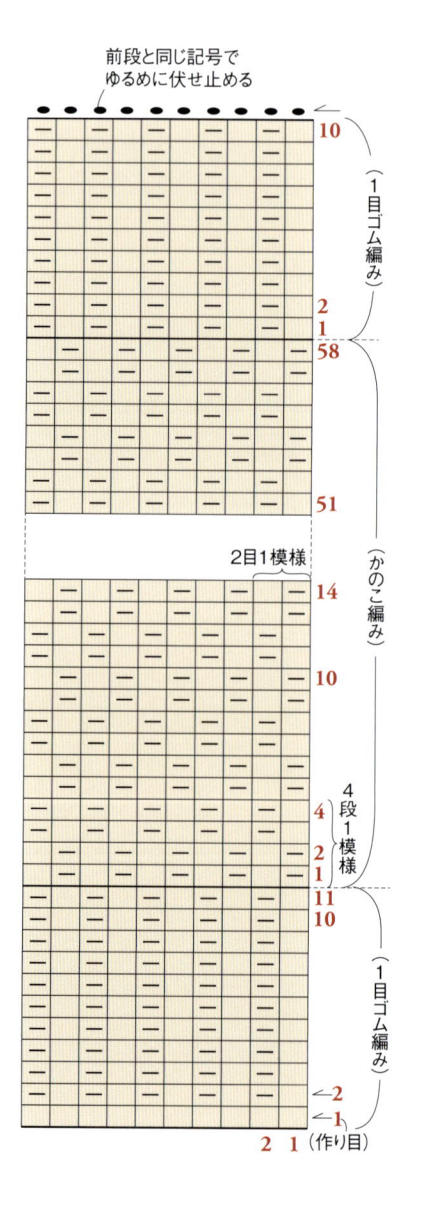

前段と同じ記号でゆるめに伏せ止める

10

（1目ゴム編み）

2
1

58

51

2目1模様

14

10

（かのこ編み）

4段1模様

4
2
1

11
10

（1目ゴム編み）

2
1

2　1（作り目）

☐ ＝ |

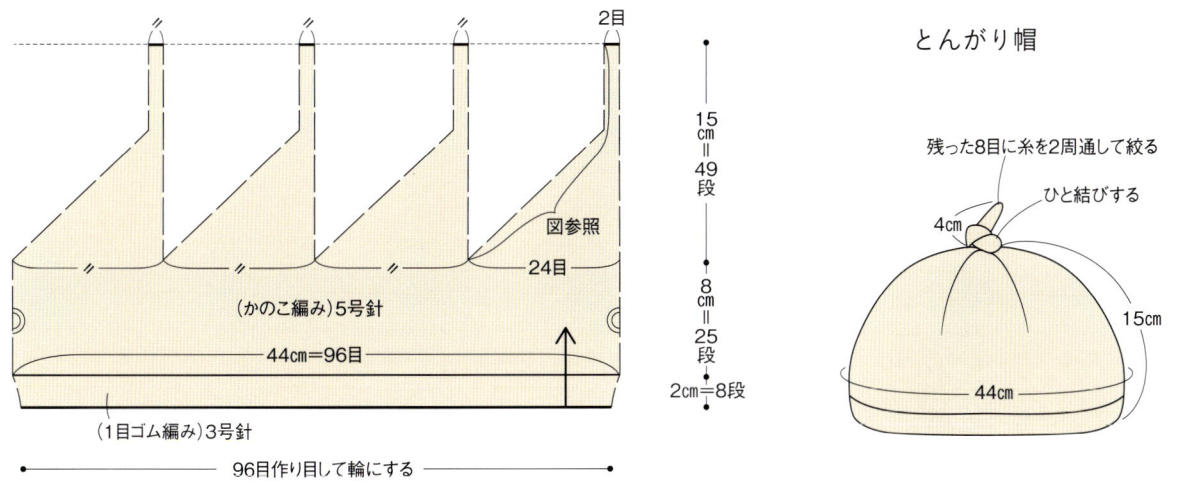

とんがり帽

残った8目に糸を2周通して絞る

ひと結びする

4cm

15cm

44cm

(かのこ編み)5号針

44cm=96目

(1目ゴム編み)3号針

96目作り目して輪にする

2目

図参照

24目

15
cm
=
49
段

8
cm
=
25
段

2cm=8段

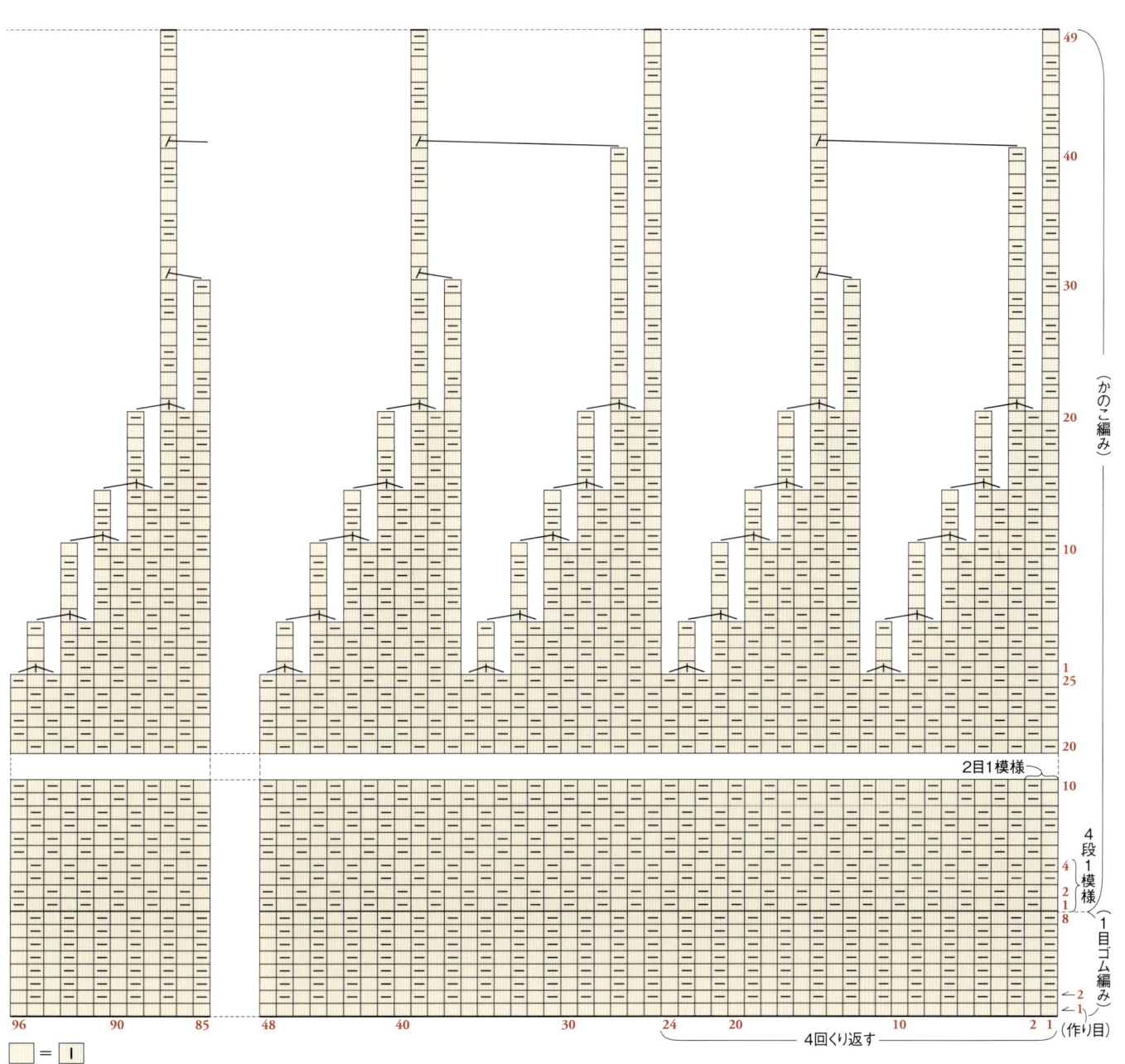

□ = Ｉ

うさぎのスタイ　12ページ

[用意するもの]

糸 ハマナカ ポーム コットンリネン (25g 玉巻)
オフホワイト (201) 30g
ハマナカ フラックス K (25g 玉巻)
チャコールグレー (201)、赤 (203) 各少々

針 ハマナカ アミアミ両かぎ針ラクラク 5/0 号

その他 直径1.8cmのボタン1個

[ゲージ] 長編み　12目＝5cm　8段＝7.5cm

[サイズ] 図参照

[編み方]

糸は1本どりで指定以外はコットンリネンで編みます。

1 顔はくさり12目を作り目し、図のように増しながら6段編み、糸を休めます。

2 指定の位置にくさり編みを2カ所編みつけます。

3 休めておいた糸で耳も一緒に2段編み、糸を切ります。

4 目と鼻・口を編み、残しておいた糸で顔にとじつけます。

5 ボタンをつけます。

目 フラックスK
赤　2枚

糸端を長めに
残しておく

鼻・口 フラックスK
チャコールグレー　1枚

糸端を長めに
残しておく

編み始め

くさり
43目

くさり
40目

2cm＝2段

6段

2段

7.5cm
＝
8段

7.5cm
＝
8段

顔（長編み）　5cm＝くさり12目作り目

ボタンをつける

ボタン穴

4cm

30cm

20cm

目をとじつける

鼻・口をとじつける

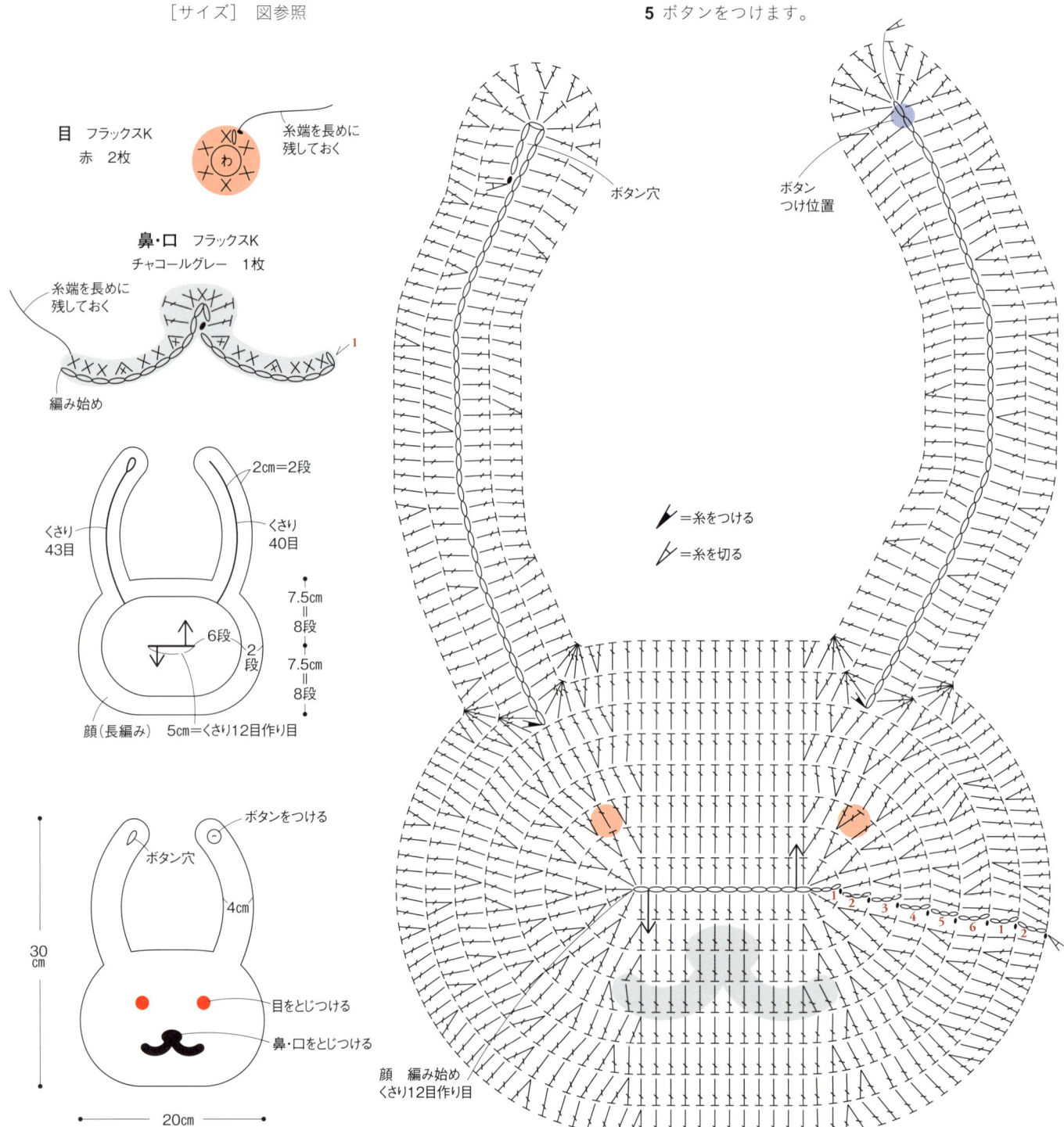

ボタン穴

ボタン
つけ位置

✎＝糸をつける

✎＝糸を切る

顔　編み始め
くさり12目作り目

くまのスタイ 13 ページ

[用意するもの]

糸 ハマナカ ポーム コットンリネン (25g 玉巻)
　　ベージュ (202) 30g
　　ハマナカ フラックス K (25g 玉巻)
　　チャコールグレー (201) 少々
針 ハマナカ アミアミ両かぎ針ラクラク5/0号
その他 直径1.8cmのボタン1個
[ゲージ] 長編み 12目＝5cm 8段＝7.5cm
[サイズ] 図参照

[編み方]

糸は1本どりで指定以外はコットンリネンで編みます。

1 顔はくさり12目を作り目し、図のように増しながら5段編み、糸を休めます。

2 指定の位置にくさり編みを2カ所編みつけます。

3 休めておいた糸で耳も一緒に3段編み、糸を切ります。

4 くさり64目を作り目し、指定の位置に引き抜き、首ひもを編みます。

5 目と鼻・口を編み、残しておいた糸で顔にとじつけます。

6 ボタンをつけます。

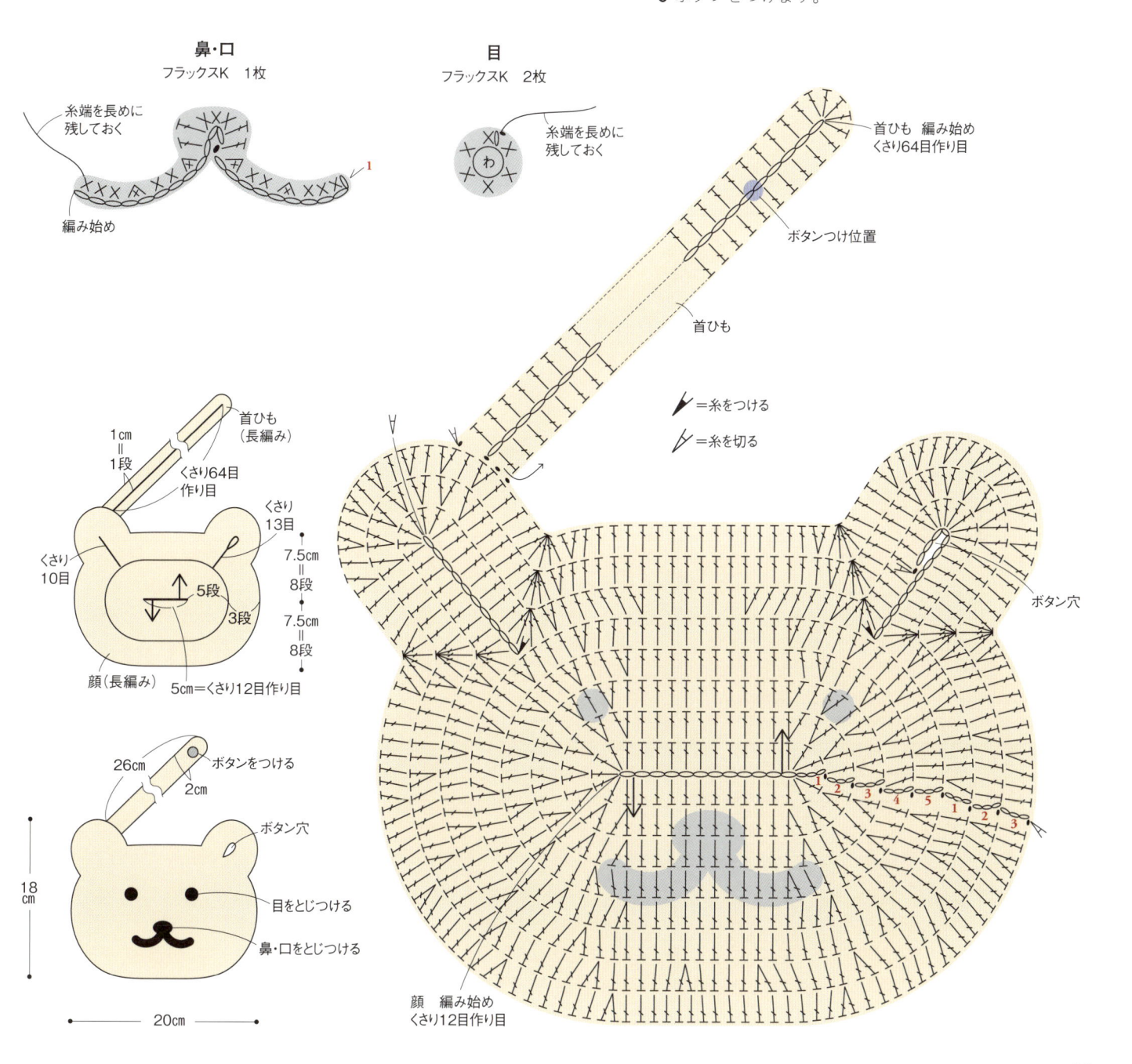

鼻・口
フラックスK　1枚

糸端を長めに残しておく

編み始め

目
フラックスK　2枚

糸端を長めに残しておく

わ

首ひも　編み始め
くさり64目作り目

ボタンつけ位置

首ひも

↗＝糸をつける
↘＝糸を切る

首ひも（長編み）
1cm＝1段
くさり64目作り目
くさり13目
くさり10目
7.5cm＝8段
7.5cm＝8段
5段
3段
顔（長編み）
5cm＝くさり12目作り目

26cm
2cm
ボタンをつける
ボタン穴
目をとじつける
鼻・口をとじつける
18cm
20cm

ボタン穴

顔　編み始め
くさり12目作り目

ヘアバンド　14ページ

[用意するもの]

糸　ハマナカ ポーム《彩土染め》(25g 玉巻)
　　a：淡ピンク (44) 20g
　　b：グレー (45) 40g
針　ハマナカ アミアミ両かぎ針ラクラク5/0号
[ゲージ]　模様編み　22目＝10cm　16段＝8cm
[サイズ]　a：頭まわり40cm　幅4cm
　　　　　b：頭まわり52cm　幅8cm

[編み方]　糸は1本どりで編みます。

1 本体はくさりで作り目して輪にし、模様編みで図のように編みます。

2 ベルトはくさりで作り目し、うね編みで往復に編みます。

3 本体を図のように折り、縫い縮めます。縫い縮めた部分にベルトを巻いて巻きかがります。

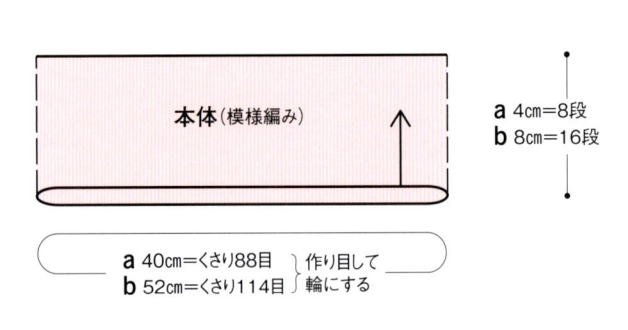

本体(模様編み)

a 4cm＝8段
b 8cm＝16段

a 40cm＝くさり88目 ┐作り目して
b 52cm＝くさり114目 ┘輪にする

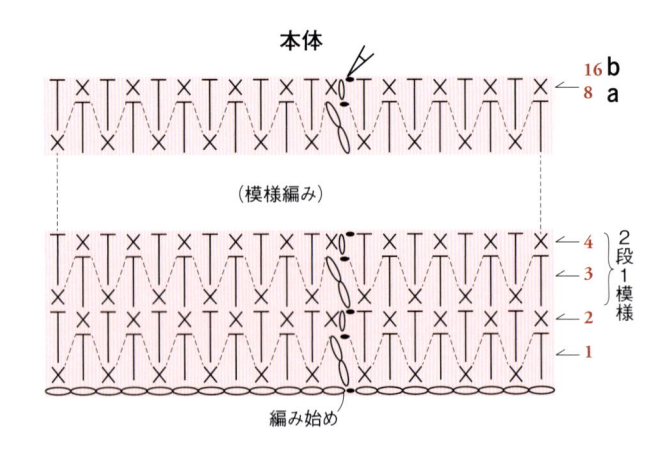

本体

16 b
8 a

(模様編み)

4
3　2段1模様
2
1

編み始め

ベルト(うね編み)

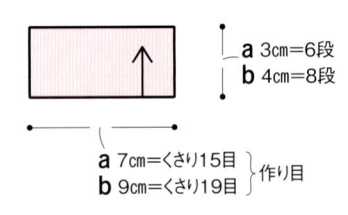

a 3cm＝6段
b 4cm＝8段

a 7cm＝くさり15目 ┐作り目
b 9cm＝くさり19目 ┘

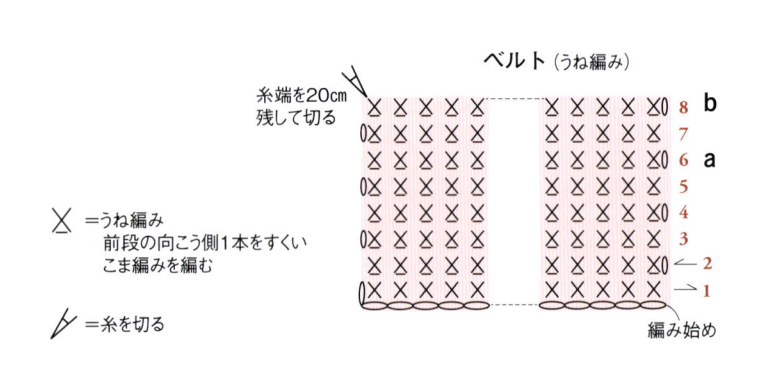

糸端を20cm残して切る

ベルト(うね編み)

8 b
7
6 a
5
4
3
2
1

編み始め

╳ ＝うね編み
前段の向こう側1本をすくい
こま編みを編む

╱ ＝糸を切る

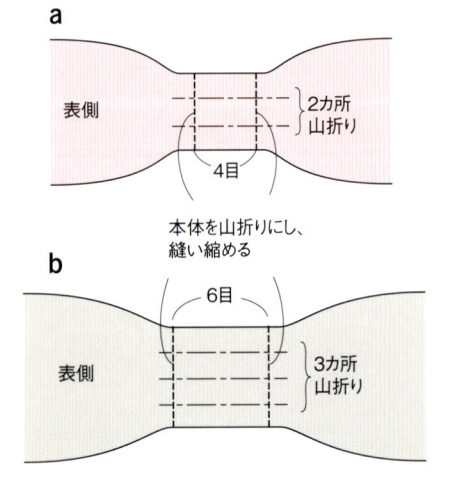

a

表側

2カ所山折り

4目

本体を山折りにし、縫い縮める

b

表側

6目

3カ所山折り

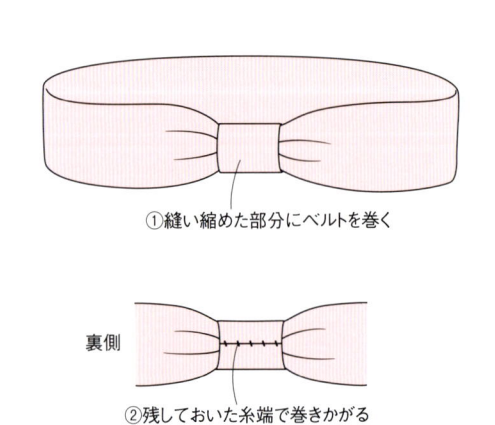

①縫い縮めた部分にベルトを巻く

裏側

②残しておいた糸端で巻きかがる

方眼編みのスタイ　15ページ

[用意するもの]

糸 ハマナカ ポーム《彩土染め》(25g 玉巻)
ライトベージュ (42) 40g

針 ハマナカ アミアミ両かぎ針ラクラク4/0号

その他 直径2cmのボタン1個

[ゲージ] 模様編み　27目、13段=10cm角

[サイズ] 図参照

[編み方] 糸は1本どりで編みます。

1 本体はくさり43目を作り目し、両側で図のように増しながら模様編みで19段編みます。

2 続けて左側の首まわりをボタン穴を作りながら19段めまで編みます。

3 指定の位置に糸をつけ、反対側を6段編みます。

4 続けて縁編みを2段編みます。

5 ボタンをつけます。

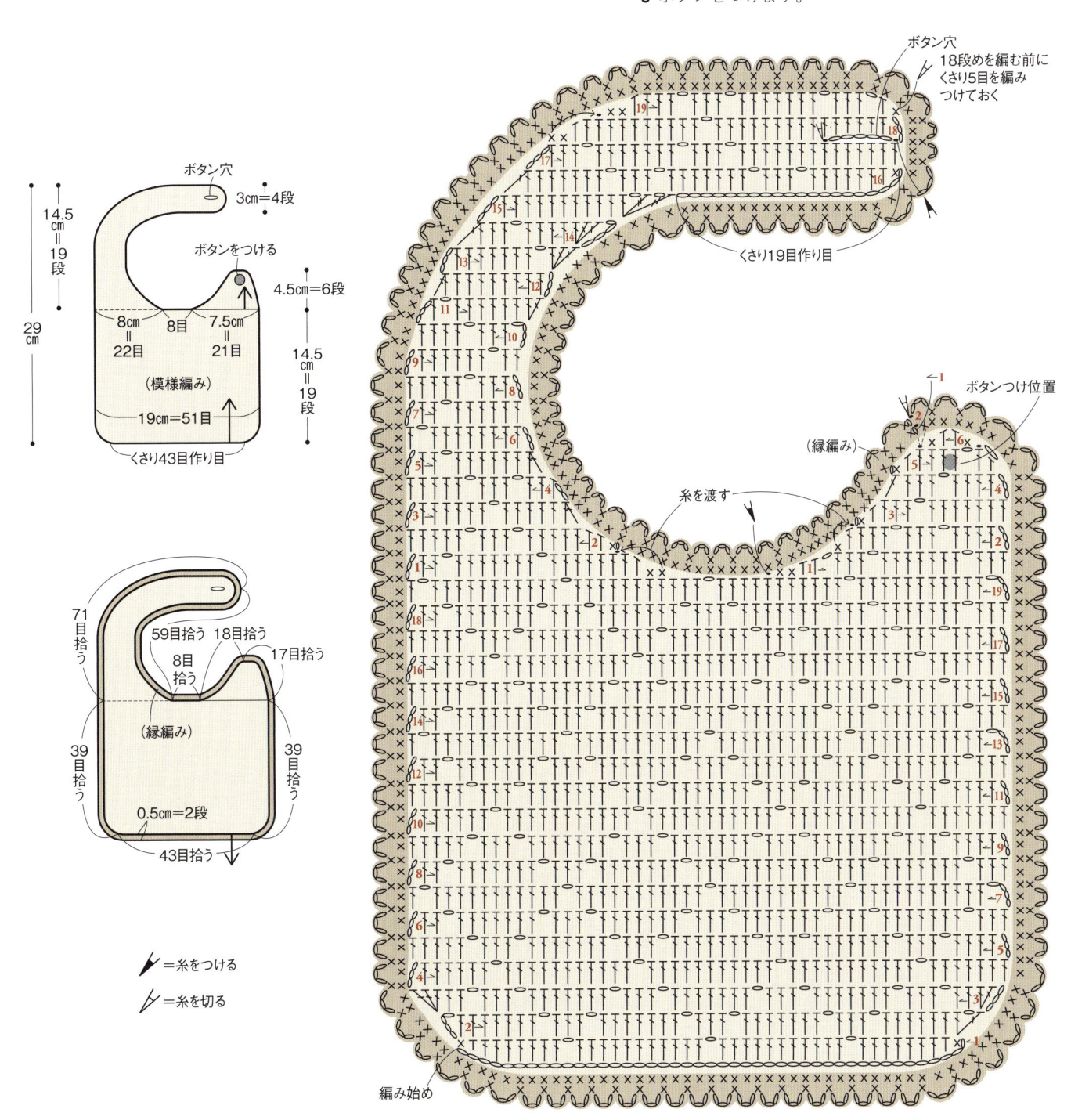

ボタン穴
3cm=4段

ボタンをつける

4.5cm=6段

14.5cm=19段

8cm=8目　7.5cm=21目

(模様編み)

19cm=51目

くさり43目作り目

29cm

14.5cm=19段

71目拾う

59目拾う　18目拾う

8目拾う

17目拾う

39目拾う　39目拾う

(縁編み)

0.5cm=2段

43目拾う

＝糸をつける

＝糸を切る

ボタン穴
18段めを編む前にくさり5目を編みつけておく

くさり19目作り目

ボタンつけ位置

(縁編み)

糸を渡す

編み始め

くまのにぎにぎ a　16 ページ

16 ページ

[用意するもの]

糸　ハマナカ ポーム コットンリネン（25g 玉巻）
　　　ベージュ（202）10g　オフホワイト（201）5g
　　　ハマナカ フラックス K（25g 玉巻）
　　　チャコールグレー（201）少々

針　ハマナカ アミアミ両かぎ針ラクラク5/0号

その他　ハマナカ オーガニックわたわた
　　　　　（50g ／ H434-301）少々

[ゲージ]　こま編み　24目、30段＝10cm角

[サイズ]　図参照

[編み方]

糸は1本どりでコットンリネンで編みます。

1　糸端を輪にし、こま編みを6目編み入れます。図のように増しながら、指定の配色でボディを編みます。

2　頭は図のように増減しながら編みますが、途中で綿をつめながら編み、残った6目に糸を通して絞ります。

3　耳は糸端を輪にし、中長編みで2枚編みます。

4　耳をつけ、顔に刺しゅうをします。

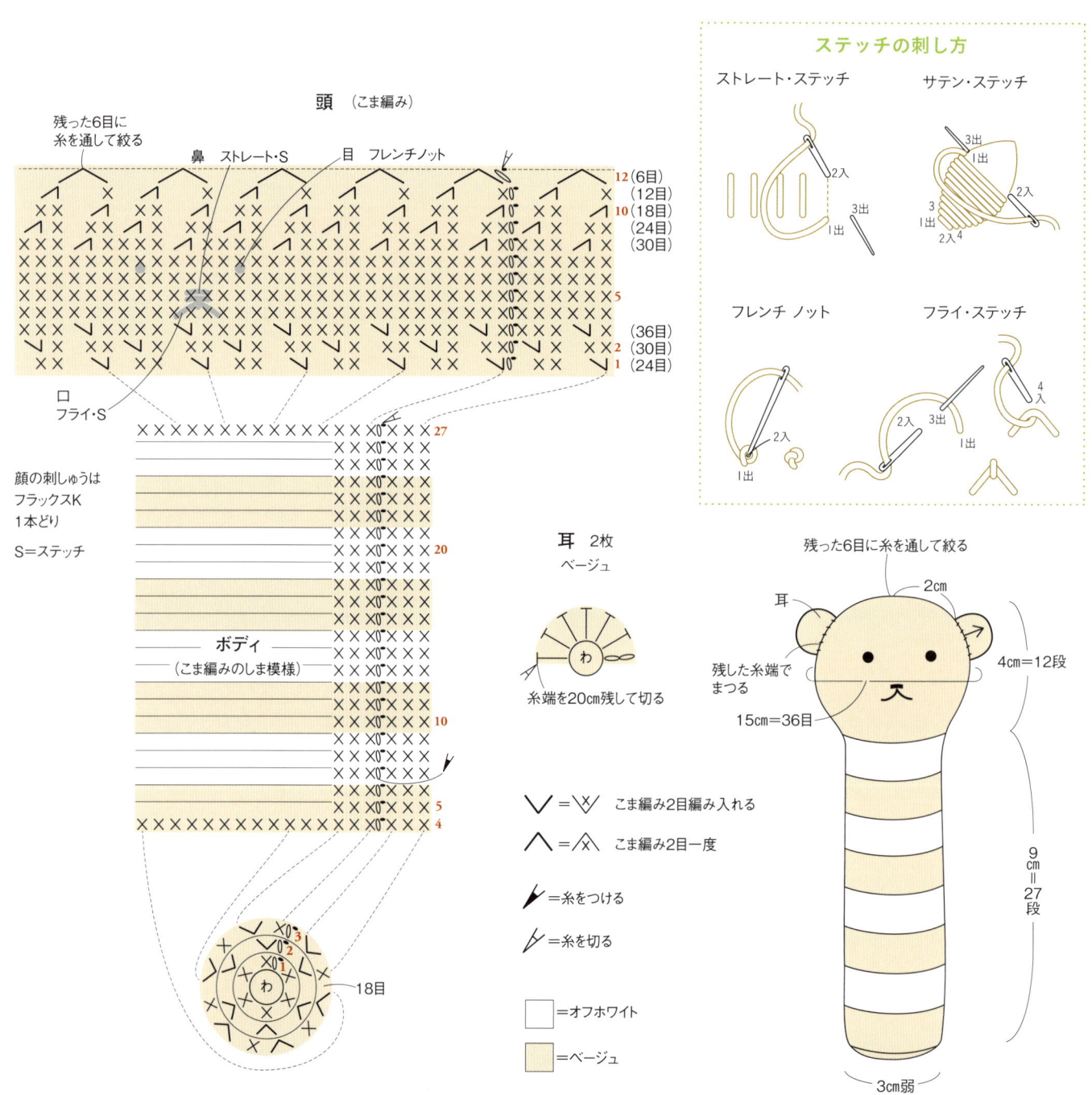

ステッチの刺し方

ストレート・ステッチ　サテン・ステッチ

フレンチ ノット　フライ・ステッチ

頭　（こま編み）

残った6目に糸を通して絞る

鼻　ストレート・S　目　フレンチノット

12(6目)
(12目)
10(18目)
(24目)
(30目)
5
(36目)
2(30目)
1(24目)

口　フライ・S

顔の刺しゅうは
フラックスK
1本どり

S=ステッチ

27

20

ボディ
（こま編みのしま模様）

10

5
4

18目

耳　2枚
ベージュ

わ

糸端を20cm残して切る

＝こま編み2目編み入れる

＝こま編み2目一度

＝糸をつける

＝糸を切る

□＝オフホワイト

＝ベージュ

残った6目に糸を通して絞る

2cm

耳

残した糸端で
まつる

4cm=12段

15cm=36目

9
cm
=
27
段

3cm弱

くまのにぎにぎ b 16ページ

[用意するもの]

糸 ハマナカ ボーム コットンリネン（25g玉巻）
オフホワイト（201）20g
ハマナカ フラックス K（25g玉巻）
チャコールグレー（201）少々

針 ハマナカ アミアミ両かぎ針ラクラク5/0号

その他 ハマナカ オーガニックわたわた
（50g／H434-301）少々

[ゲージ] こま編み 24目＝10cm 18段＝8.5cm

[サイズ] 図参照

[編み方]

糸は1本どりでコットンリネンで編みます。

1 リングはくさり72目を作り目して輪にし、こま編みで図のように増減しながら編みます。

2 頭はくさり18目を作り目して輪にし、こま編みで図のように編み、残った6目に糸を通して絞ります。

3 耳は糸端を輪にし、中長編みで2枚編みます。

4 リングの編み始めと編み終わりを外表につき合わせにし、綿をつめながら巻きかがりではぎ合わせます。

5 頭に綿をつめ、リングにまつりつけます。

6 耳をつけ、顔に刺しゅうをします。

耳 2枚

∨ = こま編み2目編み入れる

∧ = こま編み2目一度

/ = 糸を切る

糸端を20cm残して切る

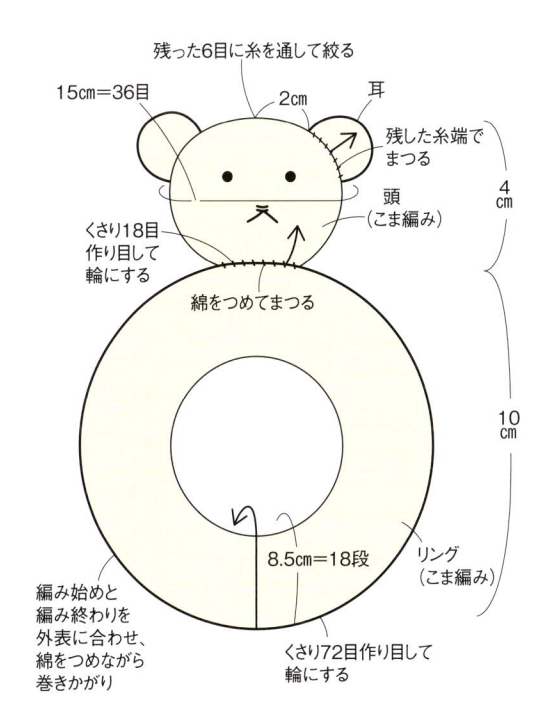

残った6目に糸を通して絞る
15cm＝36目
2cm
耳
残した糸端でまつる
くさり18目作り目して輪にする
頭（こま編み）
綿をつめてまつる
編み始めと編み終わりを外表に合わせ、綿をつめながら巻きかがり
8.5cm＝18段
リング（こま編み）
くさり72目作り目して輪にする
4cm
10cm

頭（こま編み）

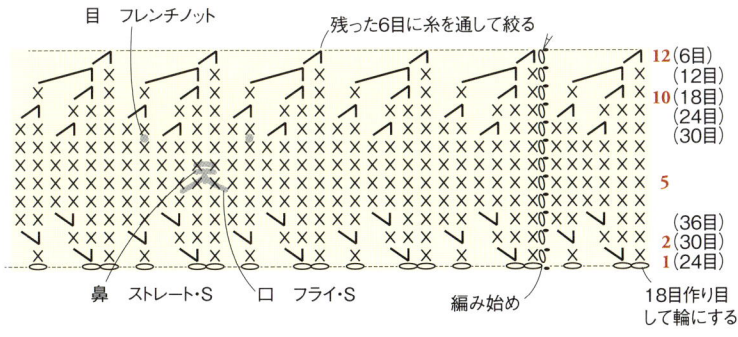

目 フレンチノット
残った6目に糸を通して絞る

12(6目)
(12目)
10(18目)
(24目)
(30目)
5
(36目)
2(30目)
1(24目)

鼻 ストレート・S
口 フライ・S
編み始め
18目作り目して輪にする

顔の刺しゅうはフラックスK 1本どり

S＝ステッチ

※ステッチの刺し方はP.66参照

リング（こま編み）

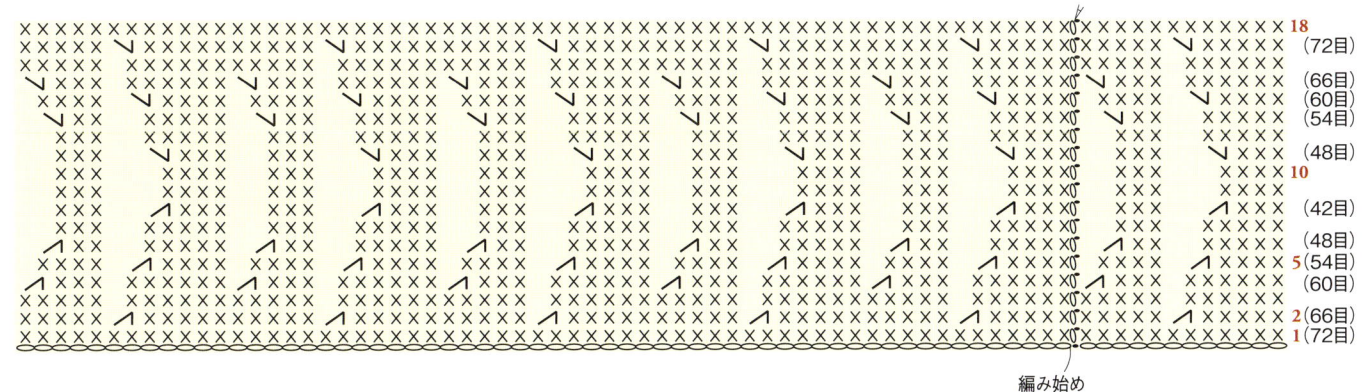

18(72目)
(66目)
(60目)
(54目)
(48目)
10
(42目)
(48目)
5(54目)
(60目)
2(66目)
1(72目)

編み始め
72目作り目して輪にする

果物のがらがら　17ページ

[用意するもの]

糸　ハマナカ ポーム ベビーカラー(25g 玉巻)
りんご：グリーン(302) 9g　クリーム色(93)、黄色(301) 各少々
バナナ：黄色(301) 7g　淡グリーン(94) 少々
いちご：ピンク(303) 8g　グリーン(302) 少々
もも：淡ピンク(91) 10g　淡グリーン(94) 少々
オレンジ：オレンジ色(305) 9g　淡オレンジ(92) 少々
りんご、バナナ：ウオッシュコットン《クロッシェ》
　　　　　　　　　　(25g 玉巻) 茶色(138) 少々
いちご：ポーム《無垢綿》ベビー(25g 玉巻) 生成り(11) 少々
針　ハマナカ アミアミ両かぎ針ラクラク4/0号
　　　2/0号(りんごの軸のみ)
その他
ハマナカ オーガニックわたわた(50g ／ H434-301) 各少々
りんご：ハマナカ 鳴き笛ソフトS (2個入／ H430-061) 1個
いちご・もも・オレンジ：ハマナカ プラ鈴
　　　　　　　　　　(2個入／ H430-059) 各1個
[ゲージ]　こま編み　約2.5目、3段＝1cm角
[サイズ]　図参照

[編み方]

糸はバナナの茶色以外1本どりで指定の配色で編みます。りんごの軸以外は4/0号針で編みます。
・りんご(本体、断面、軸)、バナナ、いちご(本体とへた)、もも(本体)、オレンジ(本体と断面) は、糸端を輪にし、図のように編みます。
・りんごは編み地の裏を表側にし、断面に刺しゅうをし、綿と鳴き笛を入れて巻きかがりでとじます。
・バナナは綿を入れながら編み、糸を通して絞ります。
・いちごは綿とプラ鈴を入れます。へたをつけて刺しゅうをします。
・ももは綿とプラ鈴を入れ、糸を通して絞ります。淡ピンクで編み始めと編み終わりに糸を渡します。葉を編んでつけます。
・オレンジは断面に刺しゅうをし、綿とプラ鈴を入れて巻きかがりでとじます。

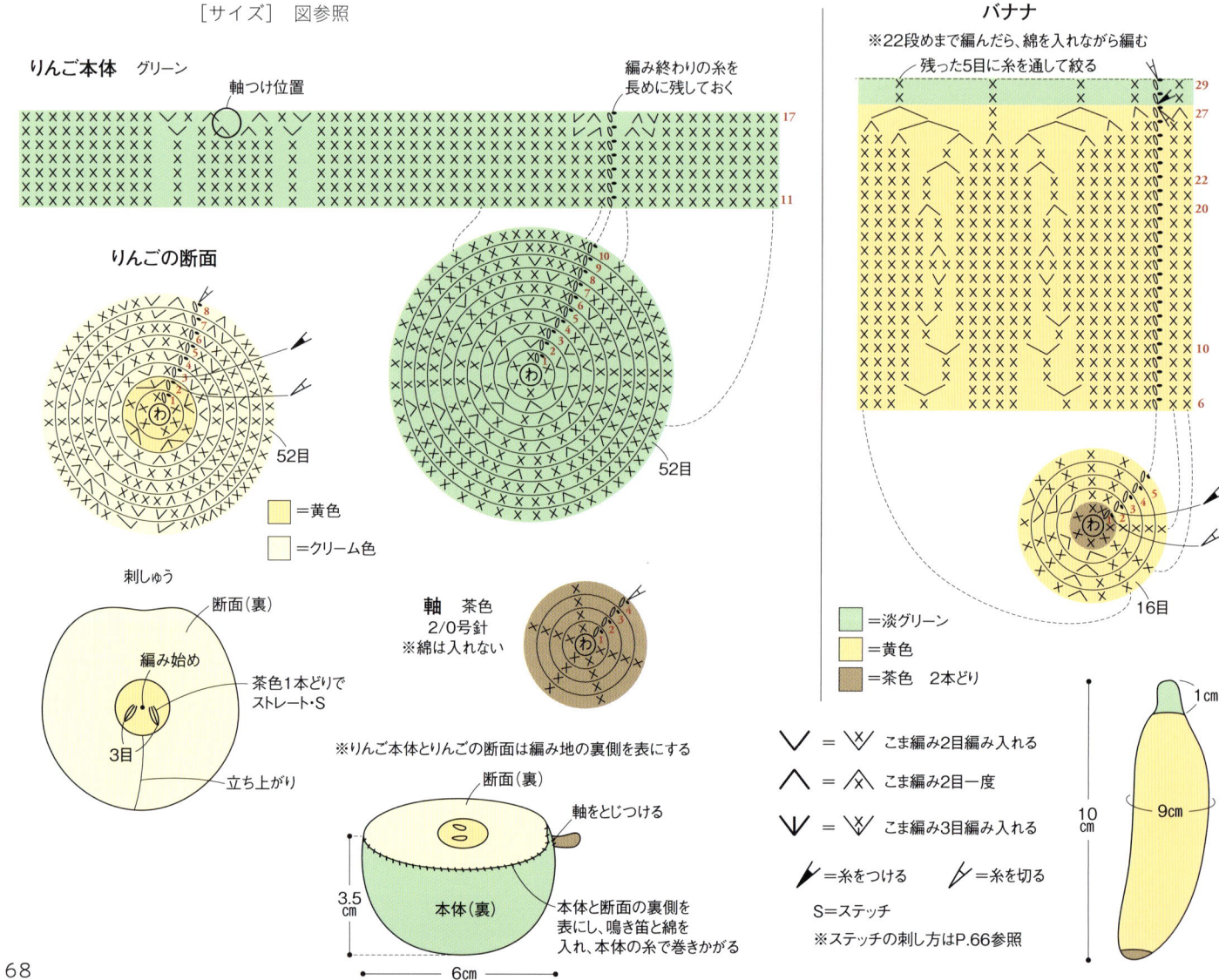

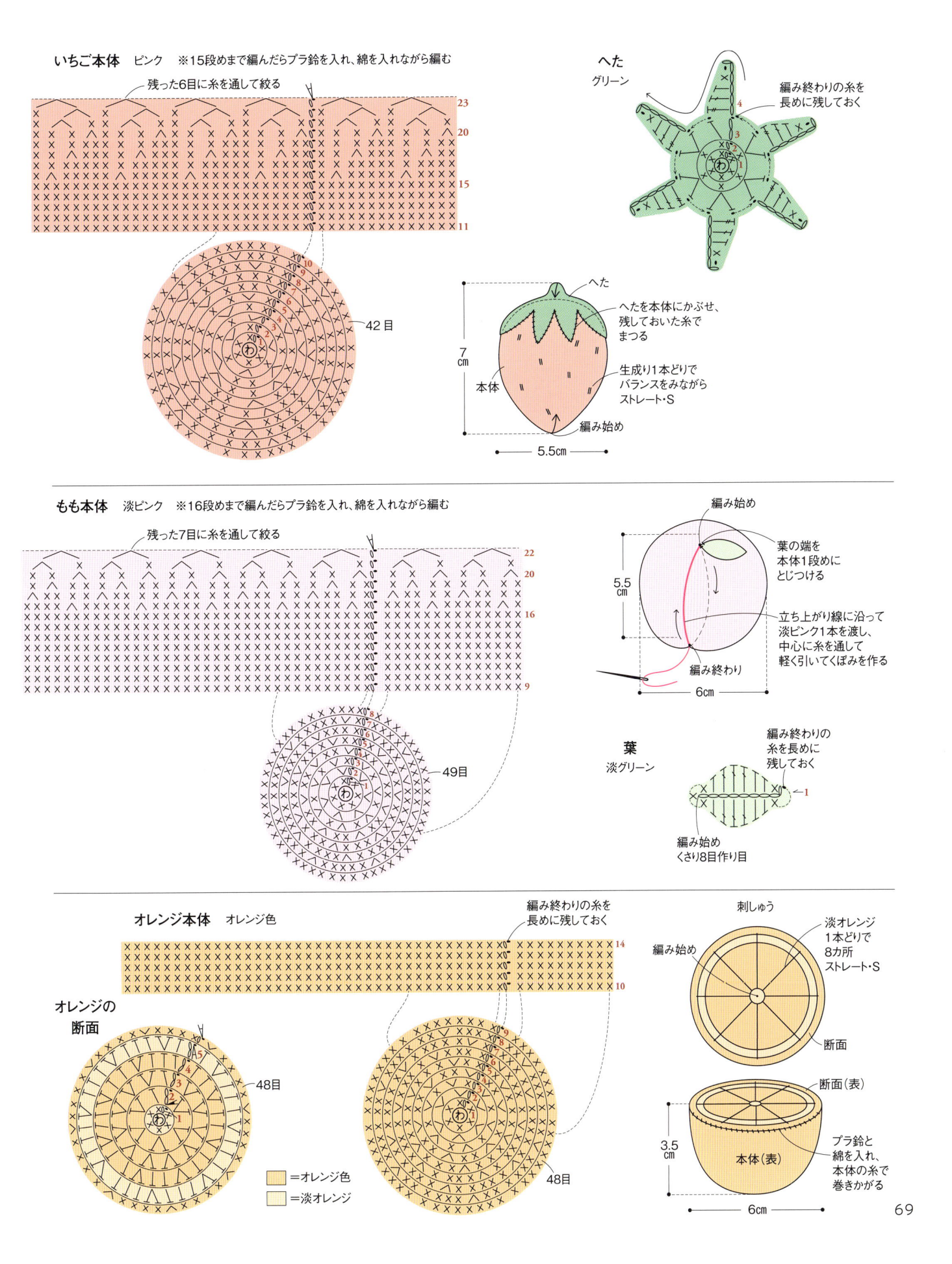

いちご本体 ピンク ※15段めまで編んだらプラ鈴を入れ、綿を入れながら編む

残った6目に糸を通して絞る

23
20
15
11

42目

へた グリーン

編み終わりの糸を
長めに残しておく

4
3
2
1

へた

へたを本体にかぶせ、
残しておいた糸で
まつる

本体

生成り1本どりで
バランスをみながら
ストレート・S

編み始め

7cm

5.5cm

もも本体 淡ピンク ※16段めまで編んだらプラ鈴を入れ、綿を入れながら編む

残った7目に糸を通して絞る

22
20
16
9

49目

編み始め

葉の端を
本体1段めに
とじつける

立ち上がり線に沿って
淡ピンク1本を渡し、
中心に糸を通して
軽く引いてくぼみを作る

編み終わり

5.5cm

6cm

葉 淡グリーン

編み終わりの
糸を長めに
残しておく

1

編み始め
くさり8目作り目

オレンジ本体 オレンジ色

編み終わりの糸を
長めに残しておく

14
10

刺しゅう

編み始め

淡オレンジ
1本どりで
8カ所
ストレート・S

断面

オレンジの断面

48目

48目

断面（表）

本体（表）

プラ鈴と
綿を入れ、
本体の糸で
巻きかがる

3.5cm

6cm

☐ =オレンジ色
☐ =淡オレンジ

ブランケット 18ページ

[用意するもの]

糸 ハマナカ ポーム リリー《フルーツ染め》
(25g 玉巻) ブルーベリー (505) 60g
アプリコット (502)、メロン (504) 各55g
洋なし (501)、レモン (503) 各50g
ぶどう (506) 45g

針 ハマナカ アミアミ両かぎ針ラクラク4/0号

[モチーフの大きさ] A 9cm×15cmのひし形

[サイズ] 63cm×66cm

[編み方] 糸は1本どりで指定の配色で編みます。

1 モチーフA〜Dはくさり1目を作り目し、長編みで指定の枚数を編みます。

2 図を参照し、モチーフを外表に重ね、①、②の順にこま編みで編んでつなぎます。

3 まわりに縁編みを編みます。

寸法配置図

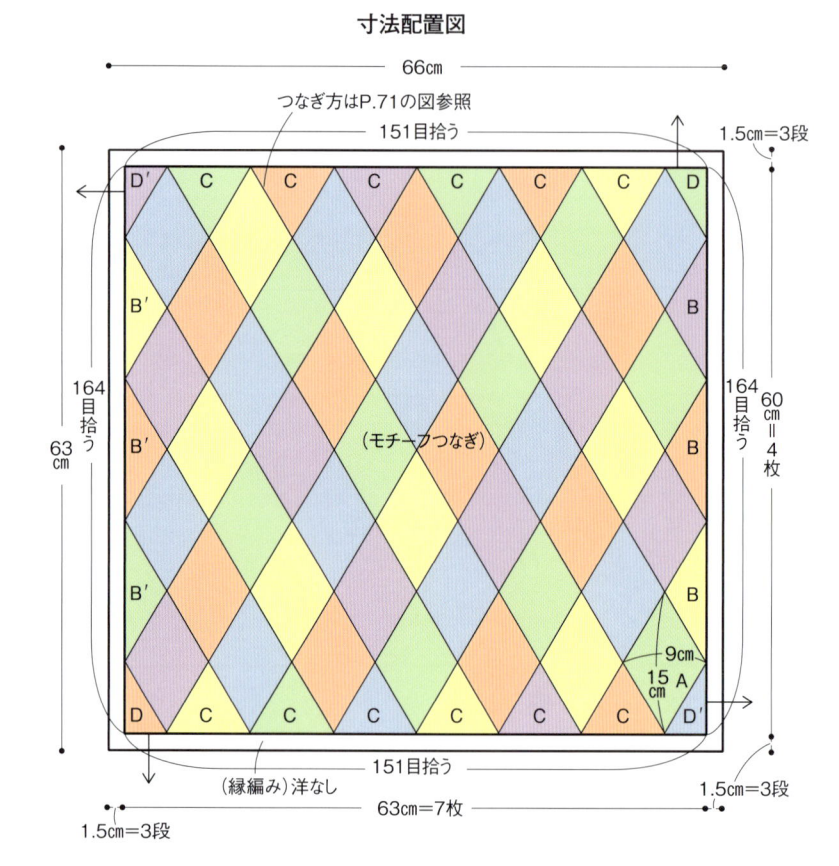

つなぎ方はP.71の図参照

66cm
151目拾う
1.5cm=3段
164目拾う
63cm
164目拾う
60cm=4枚
(モチーフつなぎ)
9cm
15cm A
(縁編み) 洋なし
151目拾う
63cm=7枚
1.5cm=3段

モチーフの配色と枚数

	配色	A 46枚	B 3枚	B'3枚	C 12枚	D 2枚	D'2枚
	ブルーベリー	12枚			1枚		1枚
	レモン	8枚	1枚	1枚	3枚		
	アプリコット	9枚	1枚	1枚	3枚	1枚	
	メロン	9枚		1枚	3枚	1枚	
	ぶどう	8枚	1枚		2枚		1枚

= 糸をつける

= 糸を切る

モチーフ A

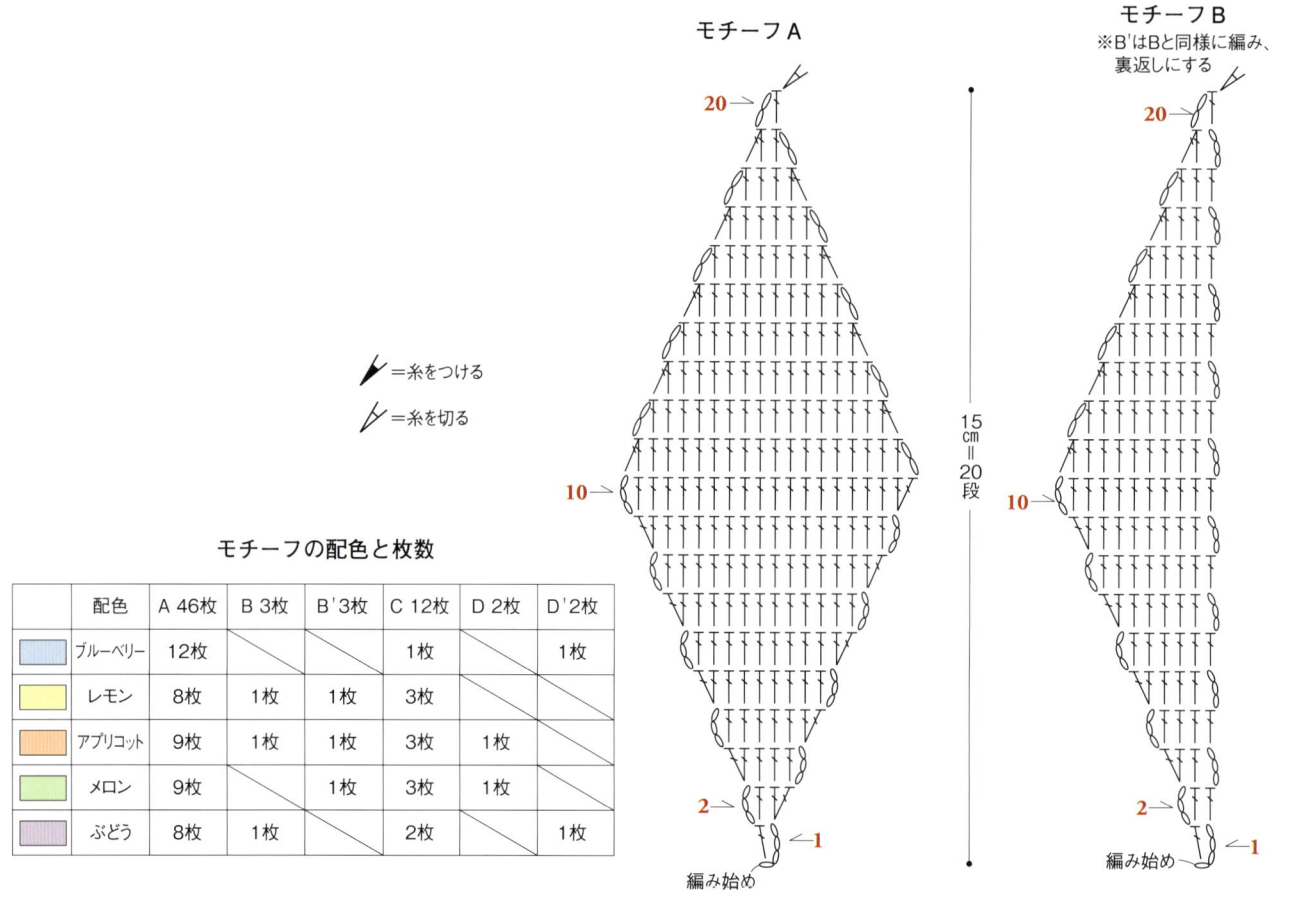

20
10
2
1
編み始め
9cm=20目
15cm=20段

モチーフ B

※B'はBと同様に編み、裏返しにする

20
10
2
1
編み始め
4.5cm=11目

モチーフのつなぎ方

モチーフを外表に重ね、こま編み1段を
洋なしで①方向、②方向の順につなぐ

モチーフのつなぎ方と縁編み

くさり編みとモチーフの最終段に編む

編み始め

モチーフC

10

7.5cm＝10段

2→
←1

編み始め

9cm＝20目

モチーフD

※D'はDと同様に編み、
裏返しにする

10→

7.5cm＝10段

2→
←1

編み始め

4.5cm＝11目

（縁編み）洋なし

バッグ 19 ページ

[用意するもの]

糸 ハマナカ ポーム リリー《フルーツ染め》(25g 玉巻)
洋なし (501) 40g ブルーベリー (505) 25g
メロン (504)、レモン (503)、ぶどう (506) 各20g
アプリコット (502) 15g

針 ハマナカ アミアミ両かぎ針ラクラク4/0号

[モチーフの大きさ] A 5.5cm×9cmのひし形

[サイズ] 図参照

[編み方] 糸は1本どりで指定の配色で編みます。

1 モチーフA、Bはくさり1目を作り目し、こま編みで指定の枚数を編みます。

2 図を参照し、モチーフを外表に重ね、番号順にこま編みで編んでつなぎます。

3 入れ口と持ち手をこま編みで輪に編みます。

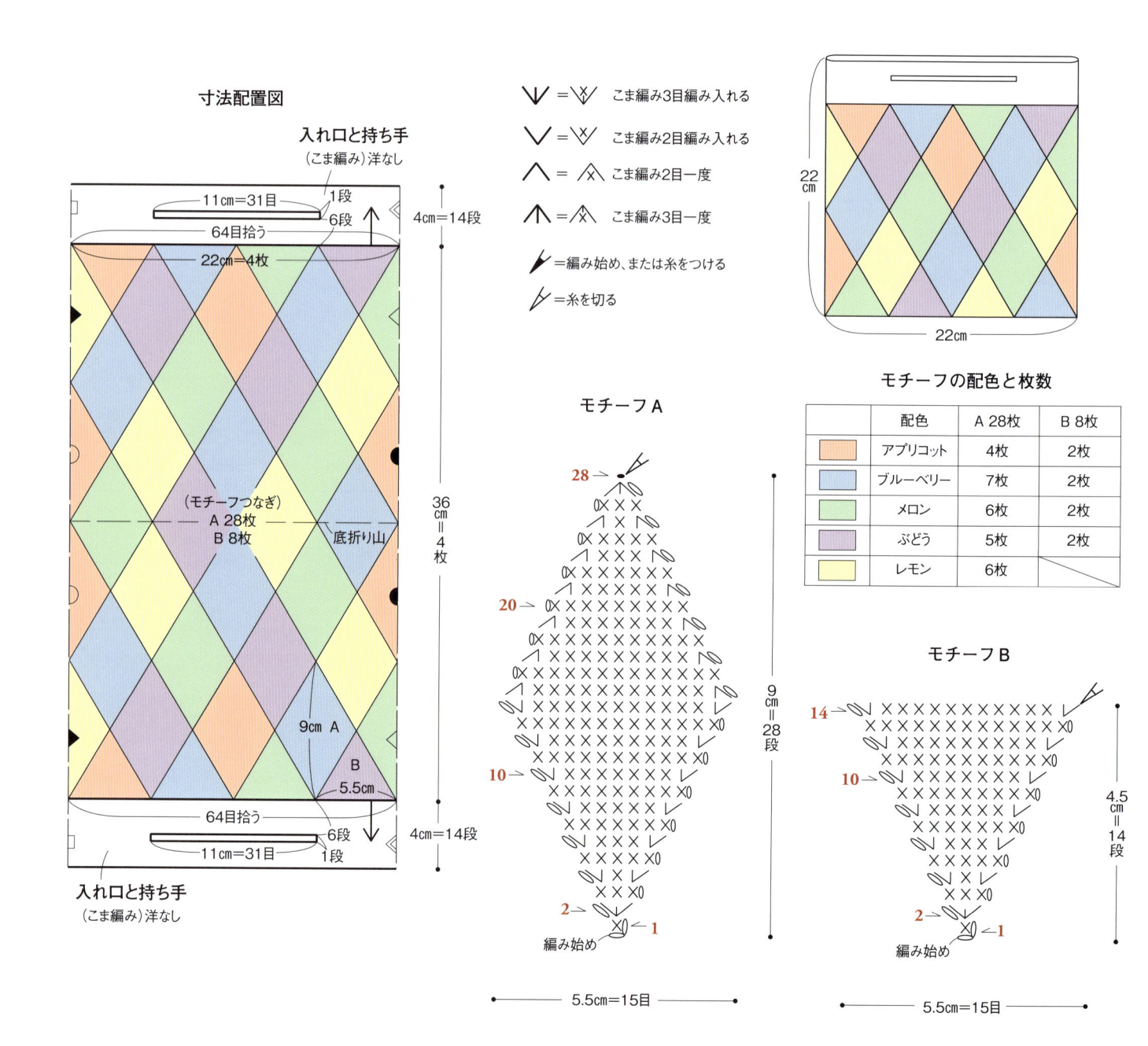

寸法配置図

入れ口と持ち手
(こま編み)洋なし

11cm=31目　1段
64目拾う　6段
4cm=14段
22cm=4枚
(モチーフつなぎ) A 28枚 B 8枚
底折り山
36cm=4枚
9cm A
B 5.5cm
64目拾う
11cm=31目　6段／1段
4cm=14段

入れ口と持ち手
(こま編み)洋なし

W = WW こま編み3目編み入れる
V = WW こま編み2目編み入れる
∧ = /X こま編み2目一度
∧ = /XX こま編み3目一度
= 編み始め、または糸をつける
= 糸を切る

22cm × 22cm

モチーフの配色と枚数

配色		A 28枚	B 8枚
	アプリコット	4枚	2枚
	ブルーベリー	7枚	2枚
	メロン	6枚	2枚
	ぶどう	5枚	2枚
	レモン	6枚	

モチーフ A

28 → 20 → 10 → 2 → ←1
編み始め

9cm=28段

5.5cm=15目

モチーフ B

14 → 10 → 2 → ←1
編み始め

4.5cm=14段

5.5cm=15目

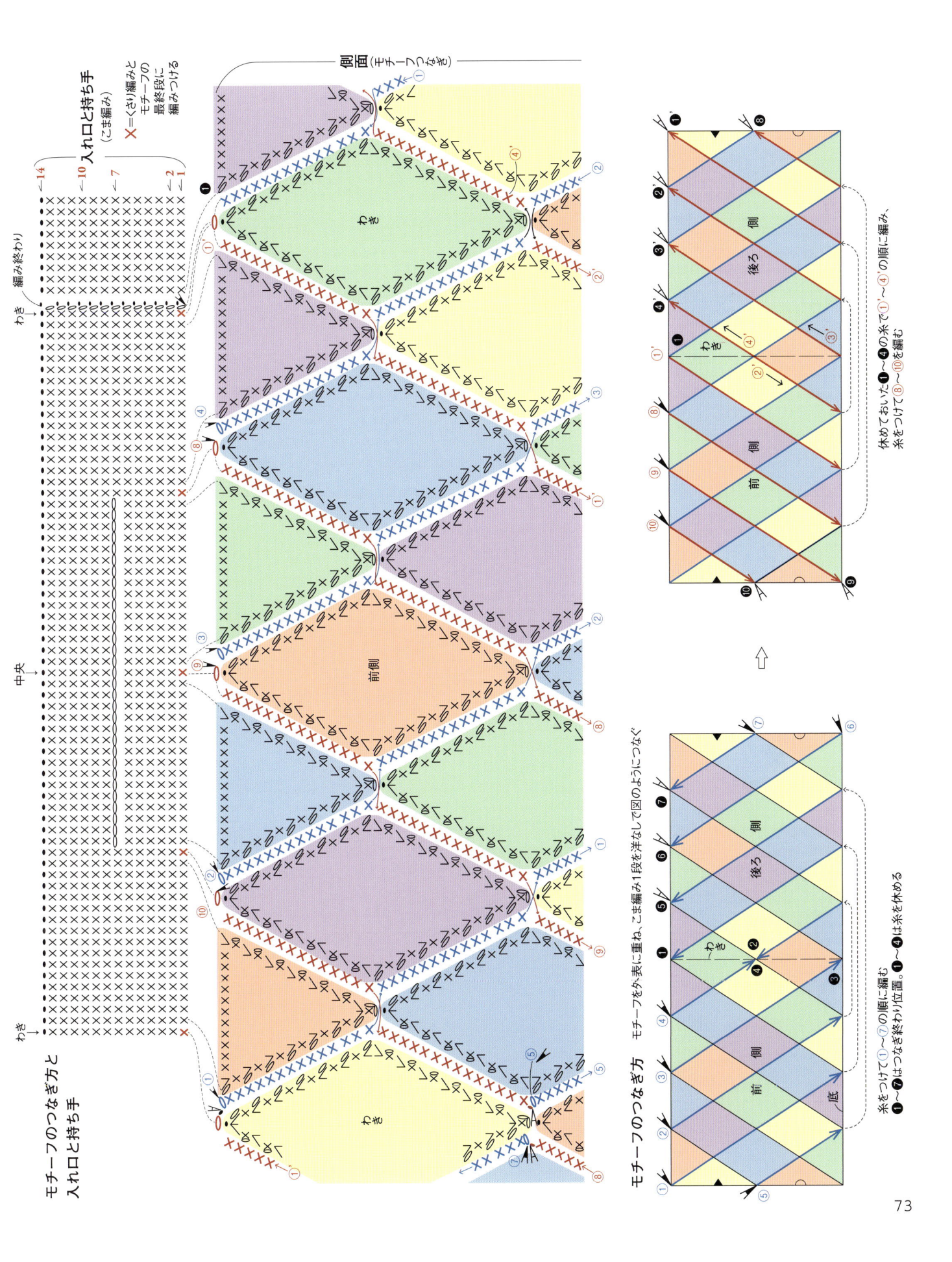

ボーダーのベスト　20ページ

[用意するもの]

糸　ハマナカ ポーム リリー《フルーツ染め》（25g玉巻）
　　　ブルーベリー（505）50g　洋なし（501）30g

針　ハマナカ アミアミ6号、4号玉付2本棒針　4号4本棒針

その他　直径1.5cmのボタン5個

[ゲージ]　メリヤス編みのしま模様
　　　　22.5目、32段＝10cm角

[サイズ]　胸囲62cm　着丈31cm　背肩幅21.5cm

[編み方]　糸は1本どりで指定の配色で編みます。

1　前後身ごろは続けて一般的な作り目をし、1目ゴム編みで14段、メリヤス編みのしま模様で42段編みます。

2　そでぐりからは前後に分けて、それぞれそでぐり、えりぐりを減らしながら肩まで編みます。

3　肩をかぶせ引き抜きはぎします。

4　前立て、えりぐりは続けて拾い目して1目ゴム編みで編みますが、左前にはボタン穴をあけながら編みます。

5　そでぐりは前後から拾い目し、1目ゴム編みで輪に編みます。

6　ボタンをつけます。

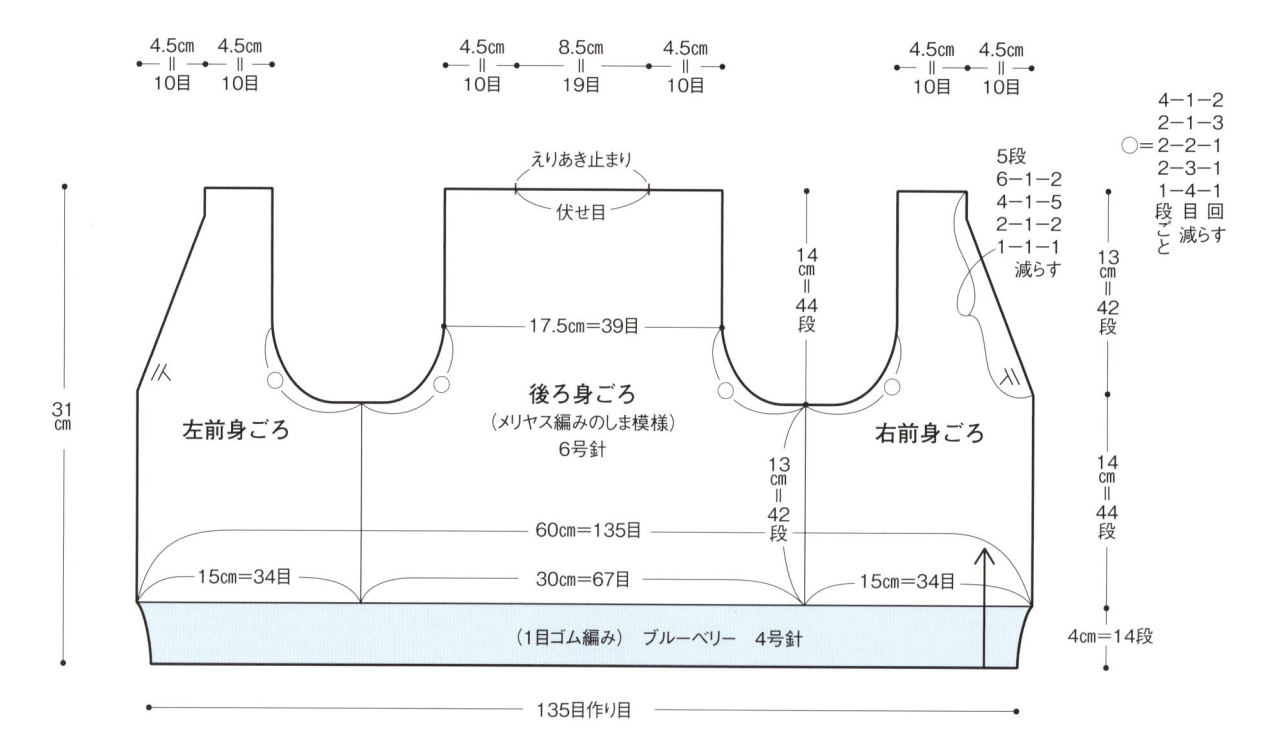

前立て、えりぐり、そでぐり
（1目ゴム編み）　ブルーベリー　4号針

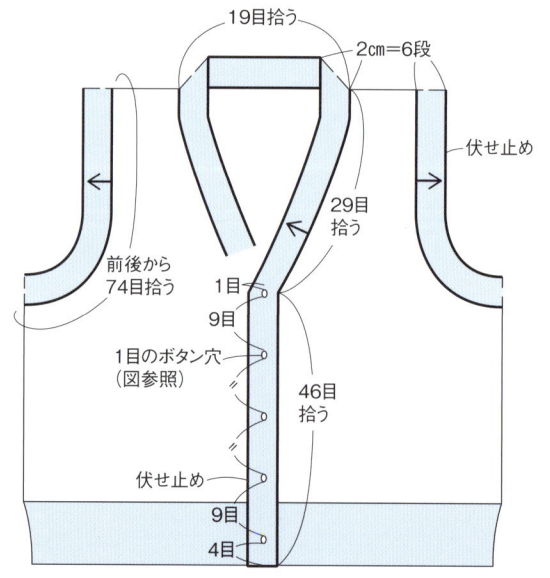

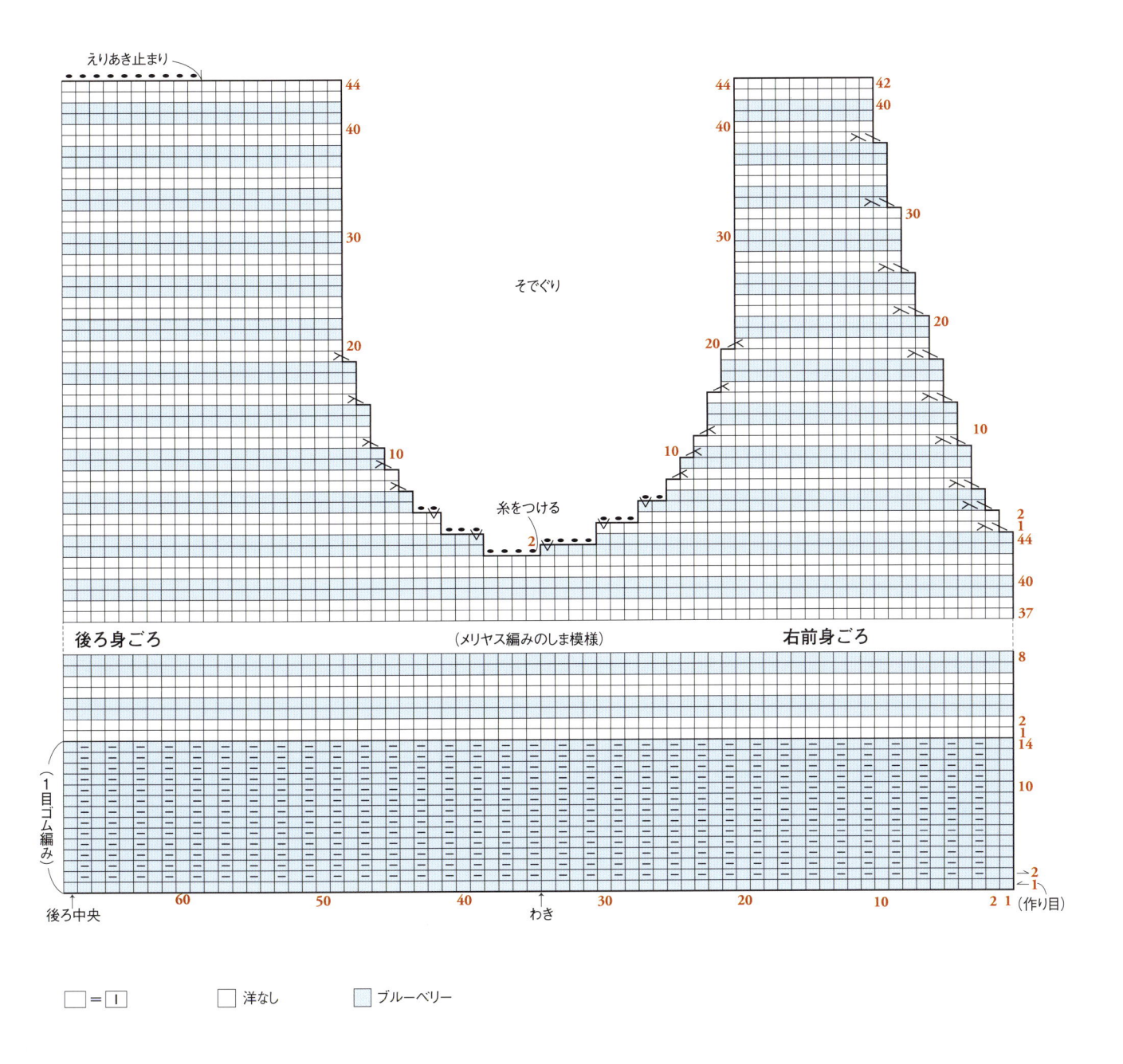

えりあき止まり

後ろ身ごろ

（メリヤス編みのしま模様）

右前身ごろ

そでぐり

糸をつける

（1目ゴム編み）

後ろ中央

□ = □ 　　□ 洋なし　　□ ブルーベリー

前立てとボタン穴のあけ方

前段と同じ記号で伏せ止め

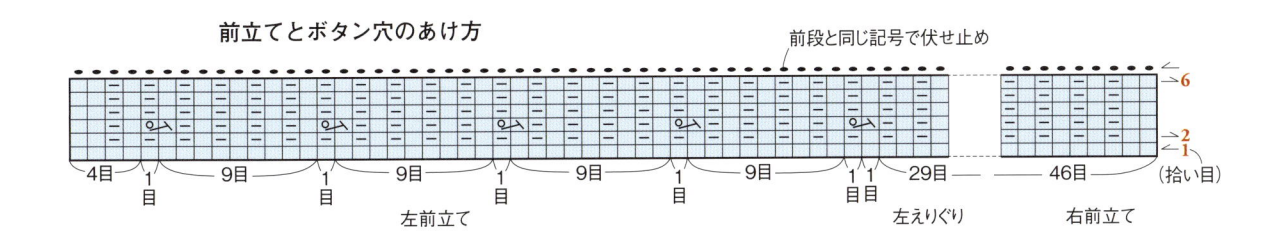

4目　1目　9目　1目　9目　1目　9目　1目　9目　1目 1目　29目　46目　（拾い目）

左前立て　　　　　　　　　　　左えりぐり　　右前立て

丸ヨークカーディガン 21ページ

[用意するもの]

糸 ハマナカ ポーム《無垢綿(ムクワタ)》
　　　ベビー100（100g玉巻）　生成り（411）、または
　　　ベビー（25g玉巻）　生成り（11）130g
針 ハマナカ アミアミ両かぎ針ラクラク5/0号
その他 直径1.5cmのボタン3個

[ゲージ] 模様編み　19目、8段＝10cm角
　　　　　長編み　19目、9.5段＝10cm角
[サイズ] 胸囲61.5cm　着丈30cm　ゆき32cm

[編み方] 糸は1本どりで編みます。

1 ヨークはくさり72目を作り目し、えりぐりから図のように増しながら模様編みで編みます。

2 ヨークの指定の位置に糸をつけ、左右にくさり10目ずつを作り目しておきます。

3 ヨークと **2** の作り目から拾い目し、前後身ごろを続けて長編みで編み、続けてすそに①縁編みを編みます。

4 続けて前立てとえりぐりに②縁編みを編みますが、上前立てにはボタン穴をあけながら編みます。

5 ヨークと **2** の作り目の反対側から拾い目し、そでを長編みで輪に往復で編みます。

6 続けてそで口に①縁編みを編み、もう一方のそでも同様に編みます。

7 ボタンをつけます。

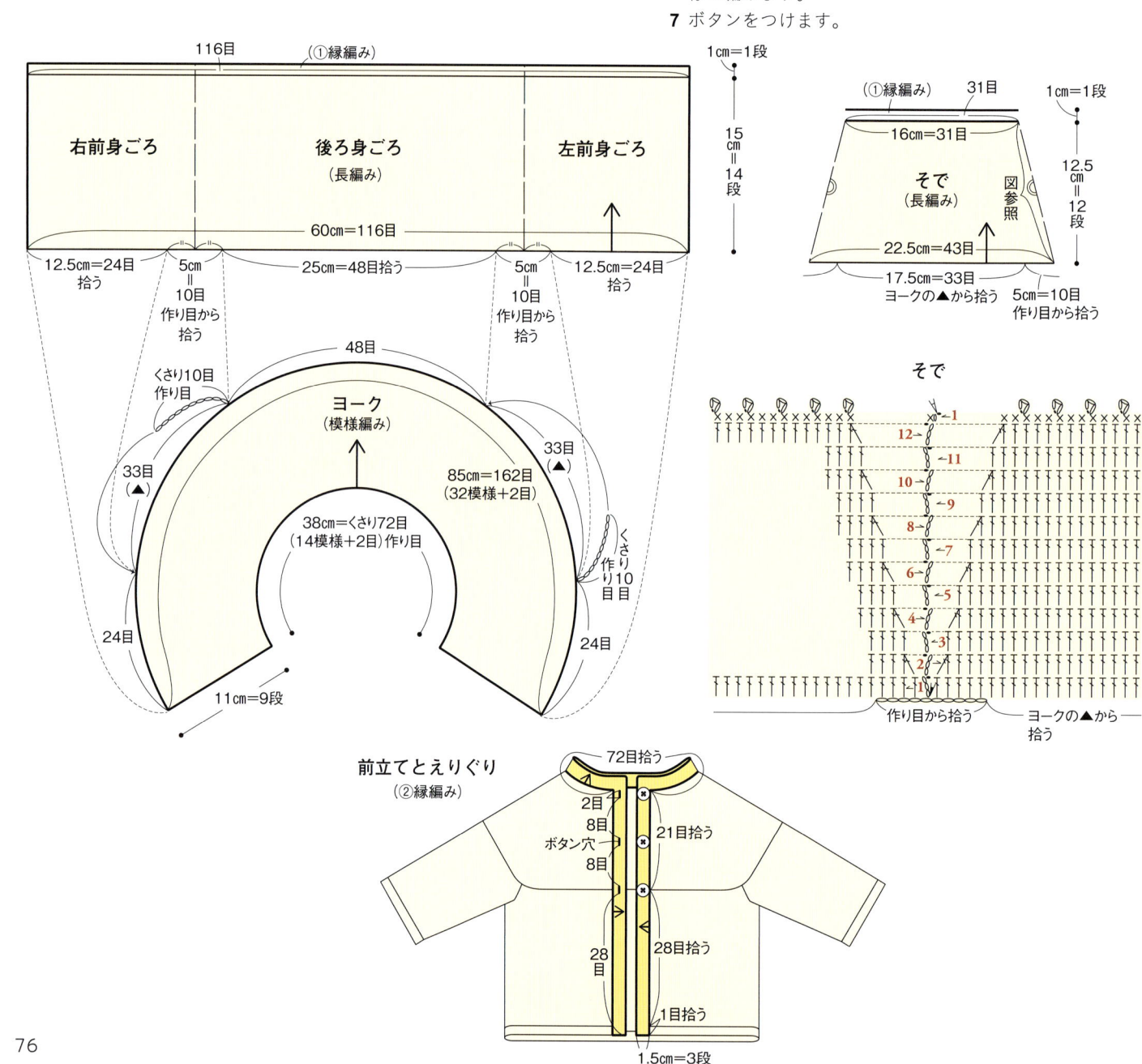

76

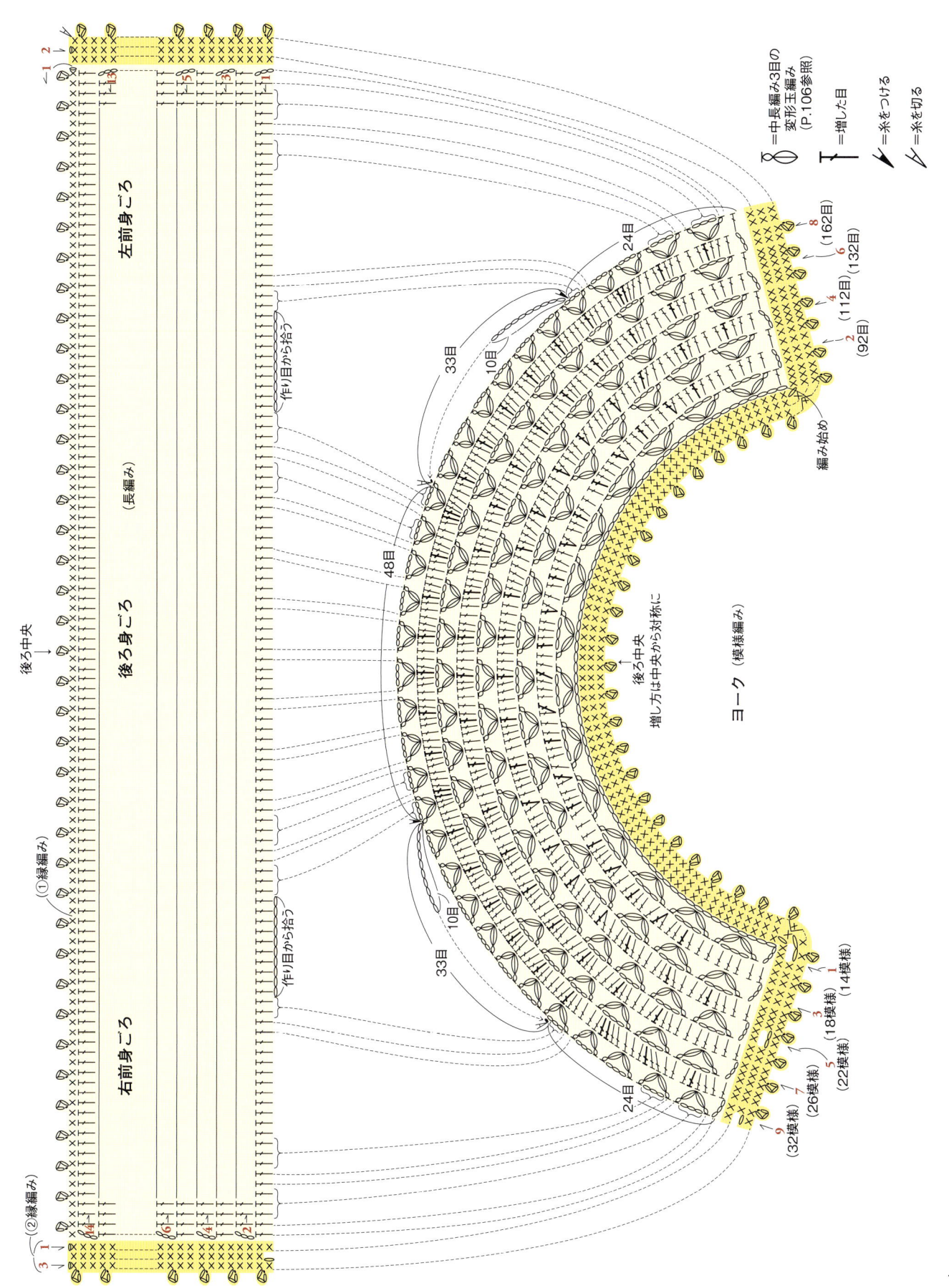

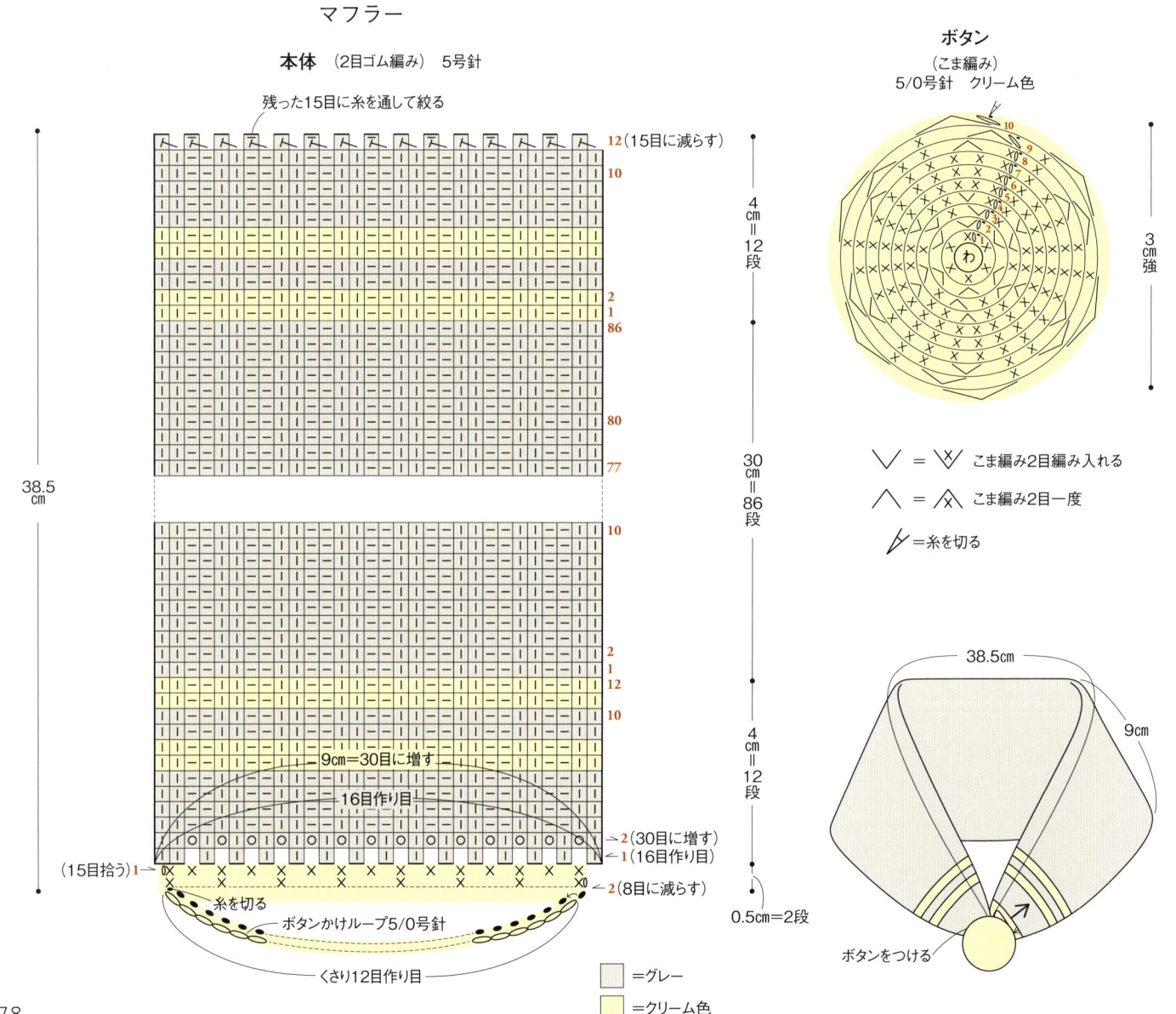

マフラーとソックス　23ページ

[用意するもの]

糸　ハマナカ ポーム《彩土染め》（25g 玉巻）
　　マフラー：グレー（45）20g　クリーム色（41）5g
　　ソックス：グレー（45）20g　クリーム色（41）5g

針　ハマナカ アミアミ手あみ針
　　マフラー：プチアミアミ5号玉付2本棒針
　　　　　　両かぎ針ラクラク5/0号
　　ソックス：くつした針4号5本棒針

その他　マフラー：ハマナカ オーガニックわたわた
　　　　　　　　　（50g／H434-301）少々

[ゲージ]

マフラー：2目ゴム編み　30目＝9cm　29段＝10cm
ソックス：2目ゴム編み　27目、33段＝10cm角
　　　　　　（横に伸ばし気味に測る）

[サイズ]　図参照

[編み方]　糸は1本どりで指定の配色で編みます。

マフラー

1　一般的な作り目で16目作り目し、2目ゴム編みを編みますが、2段めで30目に増し目をします。

2　3段めからは指定の配色で増減なく編み、最終段で15目に減らし目をします。

3　作り目側にボタンかけループを編み、編み終わり側は残った目に糸を通して絞ります。

4　ボタンは糸端を輪にし、こま編みで図のように綿をつめながら編み、残った目に糸を通して絞ります。

5　本体の編み終わり側にボタンをつけます。

[編み方] 糸は1本どりで指定の配色で編みます。

ソックス

1 一般的な作り目で32目作り目して輪にし、2目ゴム編みで27段編みます。

2 かかと部分に別糸を編み込み（P.111参照）、甲側と底側を続けて輪に編みます。

3 つま先は色をかえてメリヤス編みで図のように減らしながら編み、編み終わり
はメリヤスはぎではぎ合わせます。

4 別糸を抜いて拾い目し（P.111参照）、かかとをメリヤス編みで図のように減らし
ながら編み、編み終わりはメリヤスはぎではぎ合わせます。

5 同じものをもう1枚編みます。

かかと
（メリヤス編み）クリーム色

7
2.5cm＝7段
2
1

別糸を抜いて32目拾う

ソックス

つま先
（メリヤス編み）クリーム色

甲側　底側

2cm＝6段

5cm＝17段

足首 8cm＝27段

かかと（別糸を編み込む）

（2目ゴム編み）グレー

14目

6
2
1
17
10
27
2
1
20
10
2
1（作り目）

32 30　20　10　2 1

12cm＝32目作り目して輪にする

かかとの目の拾い方

下向きの目から15目拾う（◆）

上向きの目から14目拾う（●）

2目拾う（◎）端の目をねじって

端の目をねじって1目拾う（▲）

12cm

10.5cm

メリヤスはぎ　9.5cm　メリヤスはぎ

□＝グレー
□＝クリーム色

フードつきケープ 24-25 ページ

[用意するもの]

糸 ハマナカ ポーム リリー《フルーツ染め》(25g 玉巻)
　　 メロン (504) 135g　洋なし (501) 20g

針 ハマナカ アミアミ5号、4号玉付2本棒針

その他 直径1.5cmのボタン3個

[ゲージ] 模様編み　21目、33段=10cm角
　　　　 メリヤス編み　22目、29段=10cm角

[サイズ] 着丈27cm

[編み方] 糸は1本どりで指定の配色で編みます。

1 あとでほどく作り目で228目作り目をし、模様編み
　とメリヤス編みで図のようにケープを編みます。

2 続けてフードを模様編みで図のように編みます。編み
　終わりは中表に合わせてかぶせ引き抜きはぎします。

3 作り目をほどいて拾い目し、10目増し目をしてす
　そにかのこ編みを編み、編み終わりは伏せ止めます。

4 前端、フードまわりから続けて拾い目してかのこ編
　みで編みますが、右前にはボタン穴をあけながら編
　みます。

5 ボタンをつけます。

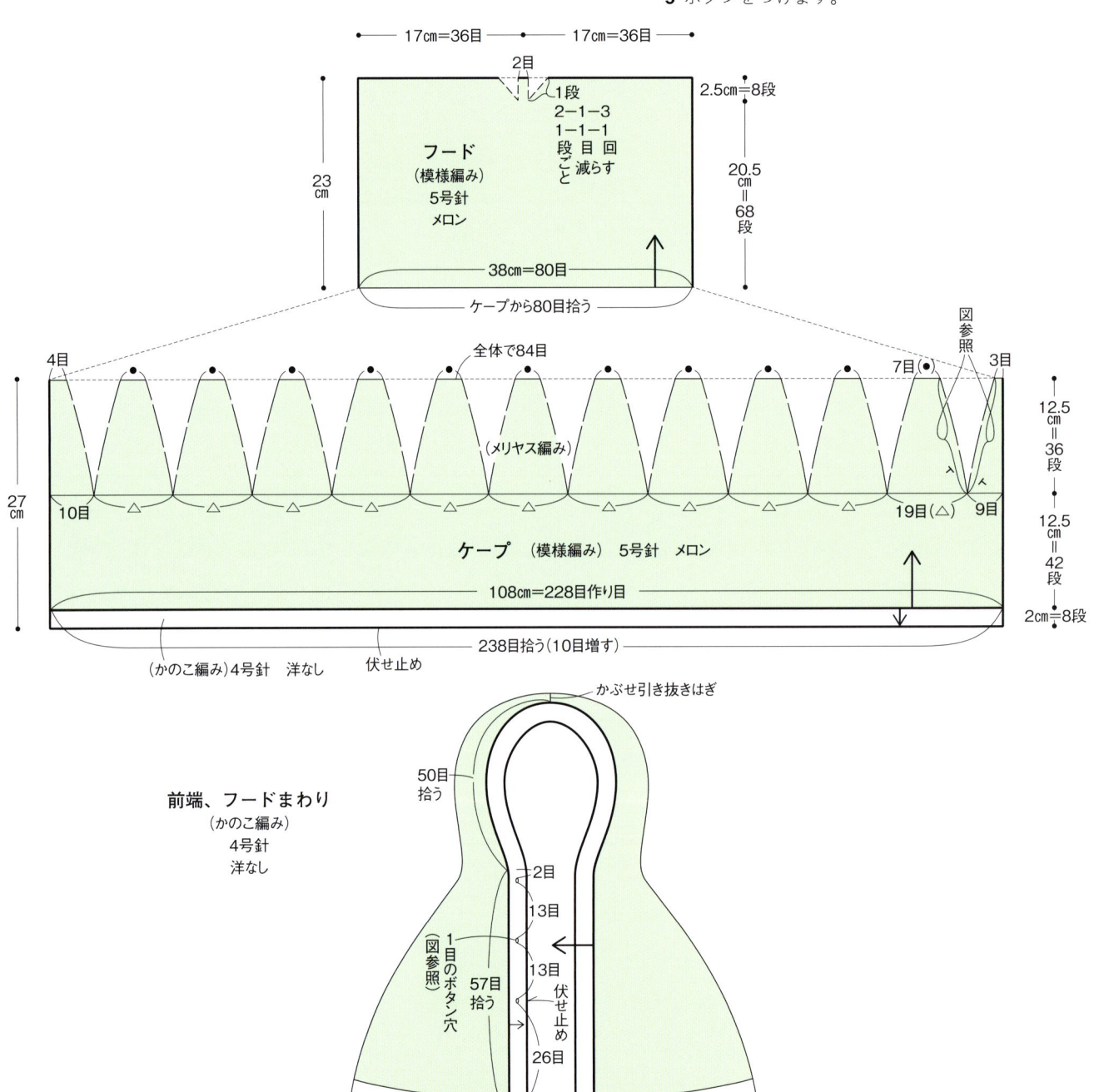

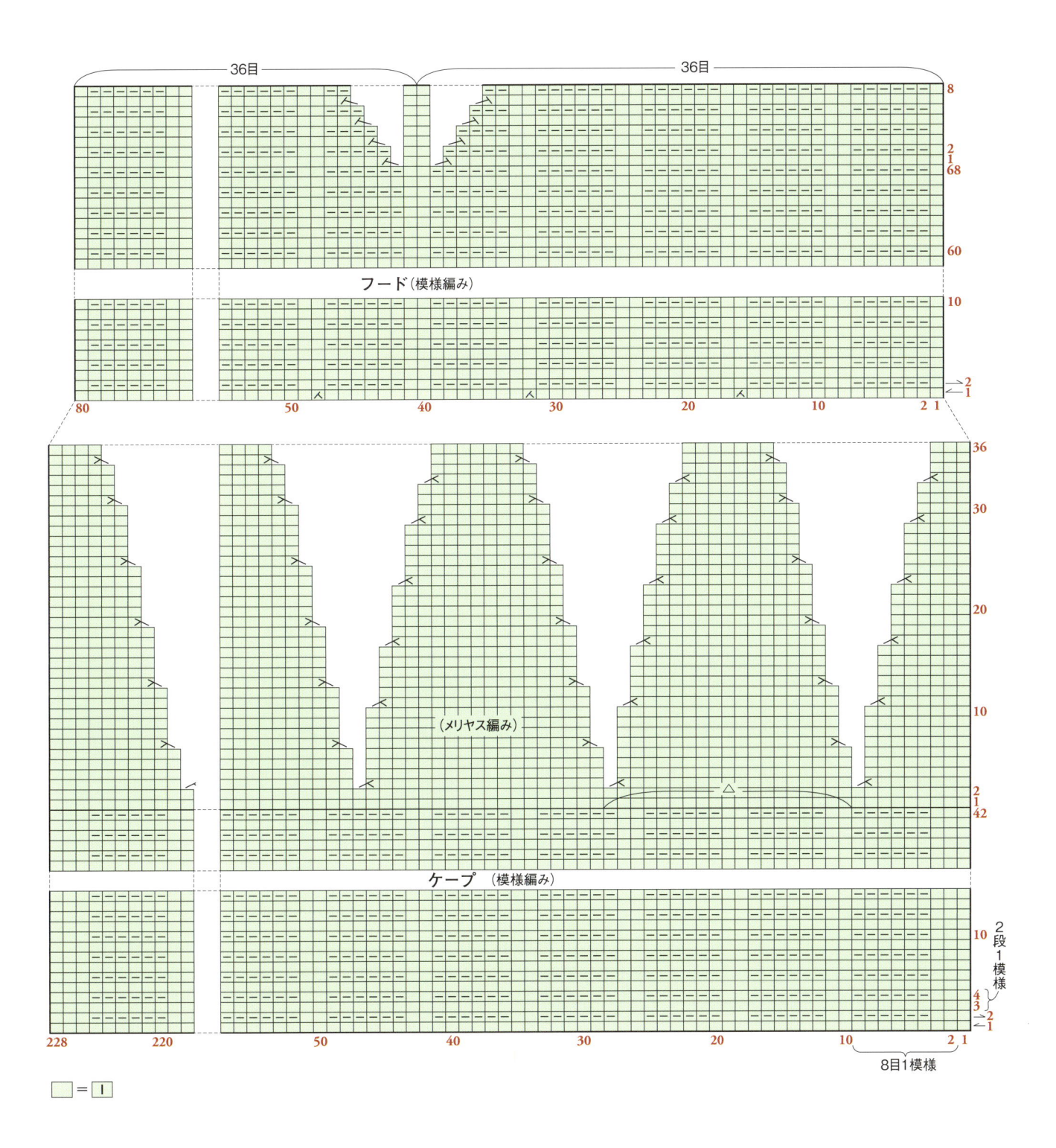

フード（模様編み）

ケープ（模様編み）

（メリヤス編み）

□ = Ｉ

かのこ編み記号図と前端のボタン穴のあけ方

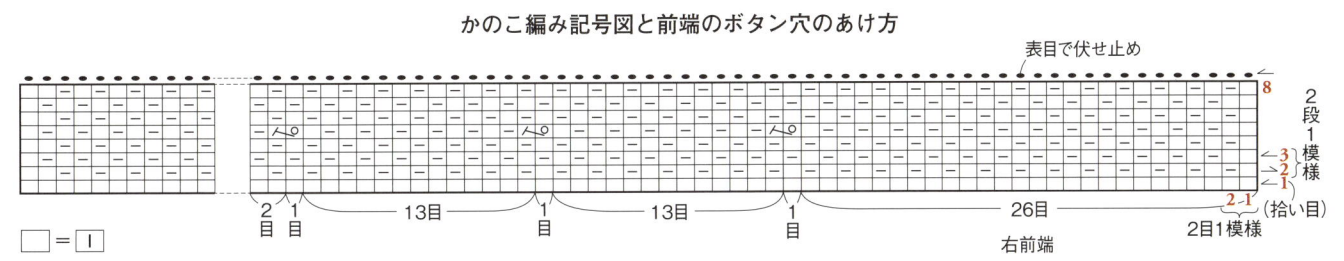

表目で伏せ止め

2目 1目 —13目— 1目 —13目— 1目 —26目— 2-1（拾い目）

右前端 2目1模様

□ = Ｉ

くまのあみぐるみ　26-27ページ

[用意するもの]

糸　ハマナカ ポーム《彩土染め》(25g 玉巻)
　　　a：グレー (45) 95g　クリーム色 (41) 少々
　　　b：クリーム色 (41) 95g　グレー (45) 少々
針　ハマナカ アミアミ両かぎ針ラクラク5/0号
その他
ハマナカ オーガニックわたわた (50g／H434-301) 約70g
ハマナカ クリスタルアイ10.5mm　ゴールド(H220-110-8) 1組
[ゲージ]　こま編み　23.5目、23段＝10cm角
[サイズ]　図参照

※**a**は口まわりをクリーム色、それ以外をグレーで編む
　bはすべてクリーム色で編む

[編み方]　糸は1本どりで編みます。**a**は口まわりをクリーム色、それ以外をグレーで、**b**はすべてクリーム色で編みます。

1 頭はくさり5目を作り目し、こま編みで編みます。指定の位置にクリスタルアイを差し込み、裏側をワッシャーでとめます。

2 手、耳、口まわり、しっぽは糸端を輪にし、こま編みで図のように編みます。

3 左足はくさり5目を作り目し、こま編みで18段編みます。右足も同様に18段めまで編んだら立ち上がり位置を内側にし、くさり3目を編んで左右の足をつなぎます。続けて胴体をこま編みで編みます。

4 耳以外に綿を入れ、各パーツをとじつけます。

5 鼻と口をグレーで刺しゅうします。

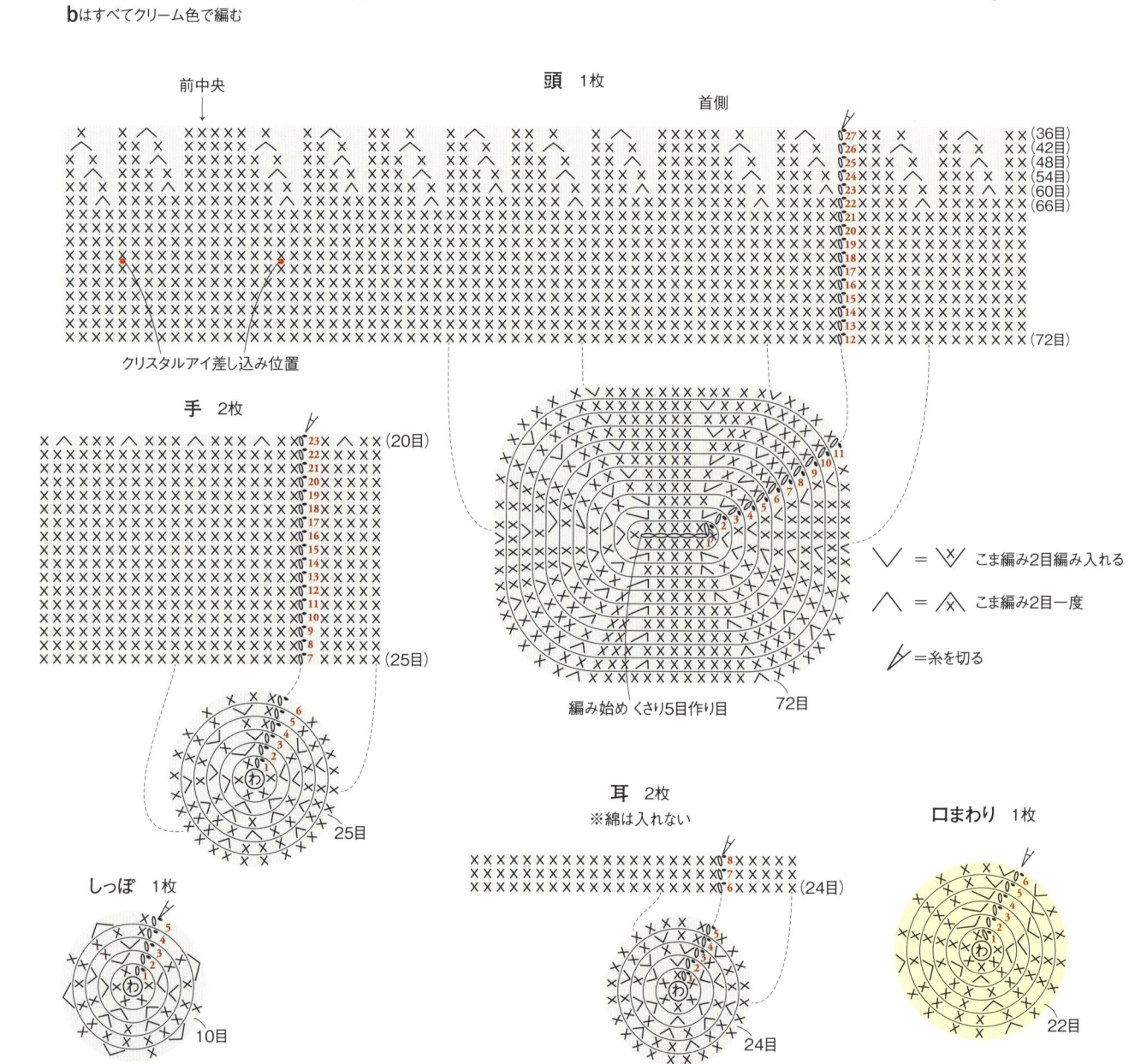

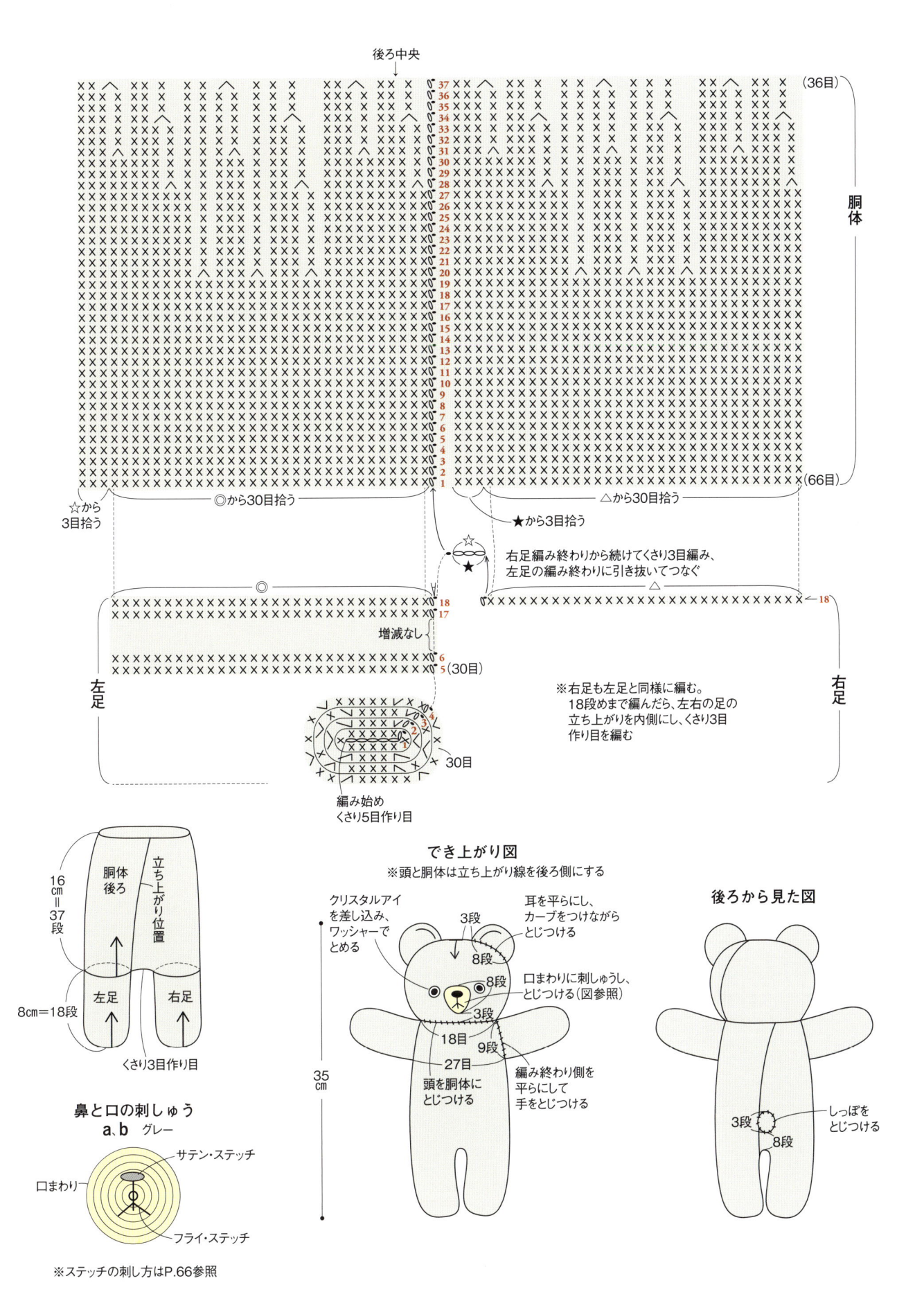

後ろ中央

胴体

(36目)

(66目)

☆から3目拾う

◎から30目拾う

★から3目拾う

△から30目拾う

左足

右足

増減なし

18段めまで編んだら、左右の足の立ち上がりを内側にし、くさり3目作り目を編む

右足編み終わりから続けてくさり3目編み、左足の編み終わりに引き抜いてつなぐ

※右足も左足と同様に編む。

(30目)

30目

編み始め
くさり5目作り目

16cm＝37段

胴体後ろ

立ち上がり位置

左足　右足

8cm＝18段

くさり3目作り目

でき上がり図
※頭と胴体は立ち上がり線を後ろ側にする

クリスタルアイを差し込み、ワッシャーでとめる

耳を平らにし、カーブをつけながらとじつける

3段

8段

8段

口まわりに刺しゅうし、とじつける（図参照）

3段

18目

9段

27目
頭を胴体にとじつける

編み終わり側を平らにして手をとじつける

35cm

後ろから見た図

3段

8段

しっぽをとじつける

鼻と口の刺しゅう
a、b　グレー

サテン・ステッチ

口まわり

フライ・ステッチ

※ステッチの刺し方はP.66参照

かのこ編みのカーディガン 28-29 ページ

[用意するもの]

糸 ハマナカ ボーム リリー《フルーツ染め》(25g 玉巻)
28ページ：アプリコット (502) 150g
29ページ：メロン (504) 150g

針 ハマナカ アミアミ6号玉付2本棒針　6号4本棒針

その他 直径1.5cmのボタン5個

[ゲージ] かのこ編み　22目、38段＝10cm角

[サイズ] 胸囲65cm　着丈32cm　ゆき34.5cm

[編み方] 糸は1本どりで編みます。

1 前後身ごろは続けて一般的な作り目をし、かのこ編みで72段編みますが、左前身ごろにはボタン穴をあけながら編みます。

2 そで拾い止まりからは前後に分けて、そで拾い止まりで1目ずつ増し目をし、えりぐりを減らしながら肩まで編みます。

3 肩をかぶせ引き抜きはぎします。

4 そでは前後身ごろから拾い目し、かのこ編みで図のように減らしながら輪に編みます。

5 えりぐりは拾い目し、ガーター編みで編みます。

6 ボタンをつけます。

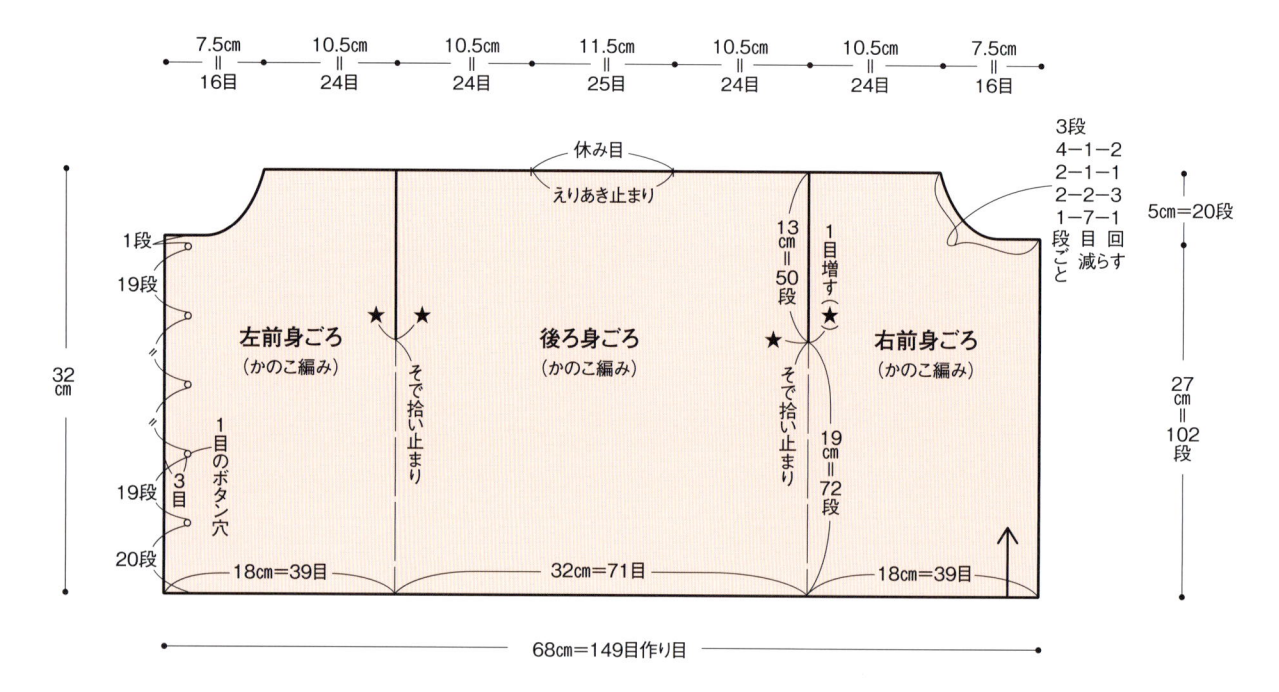

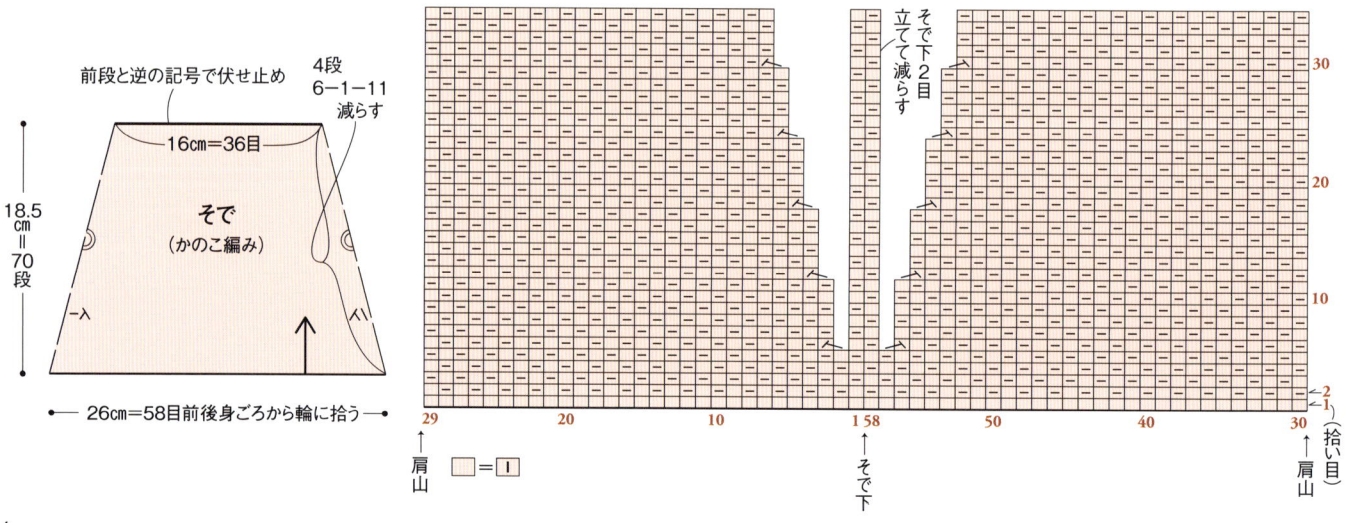

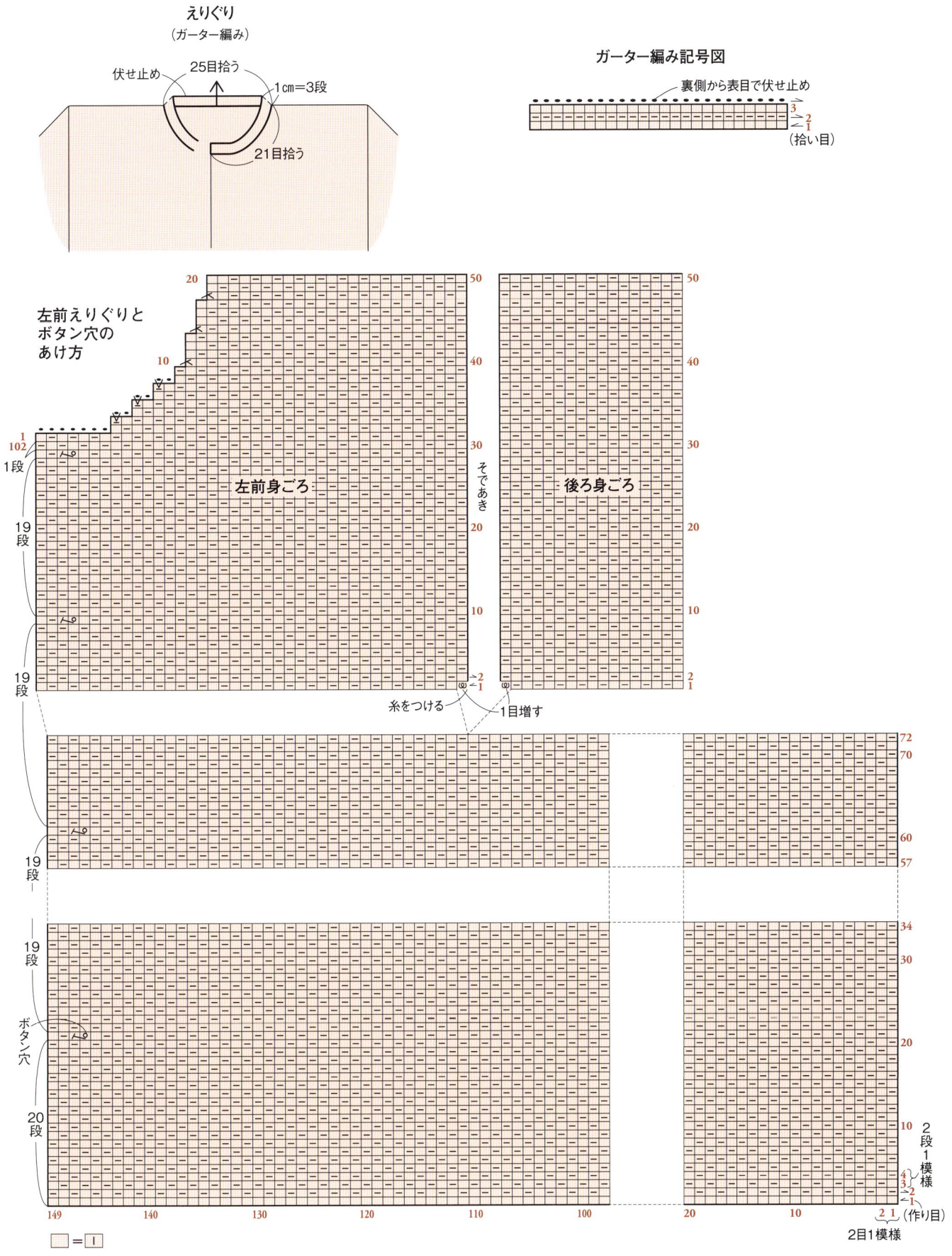

えりぐり
（ガーター編み）

伏せ止め　25目拾う　1cm＝3段

21目拾う

ガーター編み記号図

裏側から表目で伏せ止め
（拾い目）

左前えりぐりと
ボタン穴の
あけ方

左前身ごろ

後ろ身ごろ

そであき

糸をつける　1目増す

1段

19段

19段

19段

19段

ボタン穴

20段

2段1模様

2目1模様

2目1模様

（作り目）

□ ＝ Ⅰ

85

肩あきベスト 30ページ

[用意するもの]

糸 ハマナカ ポーム《彩土染め（ハニ）》（25g 玉巻）
ライトベージュ（42）85g

針 ハマナカ アミアミ5号玉付2本棒針　5号4本棒針

その他 直径1.5cmのボタン3個

[ゲージ] 模様編み　22目、26段＝10cm角

[サイズ] 胸囲60cm　着丈32cm　背肩幅26cm

[編み方]　糸は1本どりで編みます。

1 前後身ごろは一般的な作り目をし、1目ゴム編みと模様編みで編みますが、後ろ身ごろは左肩に持ち出しを1目ゴム編みで編み、前身ごろは左肩にボタン穴をあけながら編みます。

2 右肩をかぶせ引き抜きはぎします。

3 わきをすくいとじします。

4 えりぐり、そでぐりは拾い目し、前えりぐりと左前そでぐりにボタン穴をあけながら1目ゴム編みで編みます。

5 ボタンをつけます。

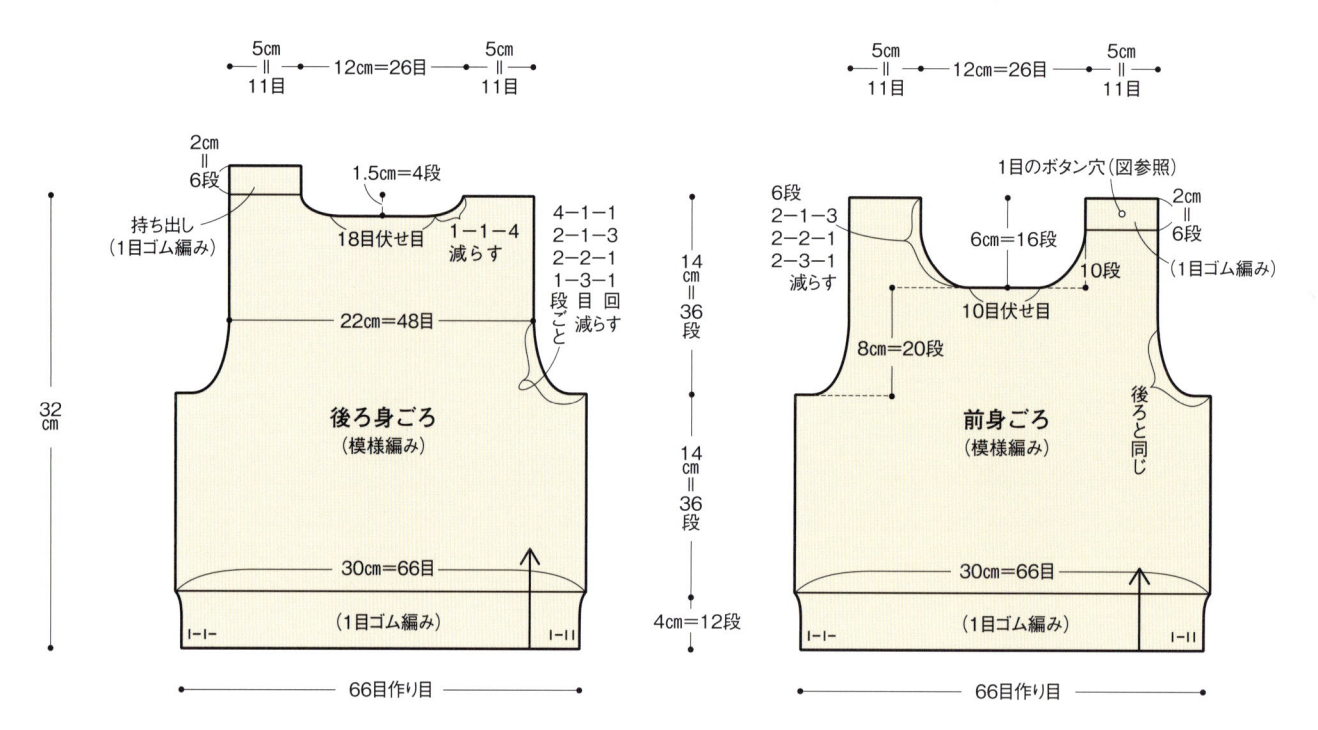

えりぐり、そでぐり
（1目ゴム編み）

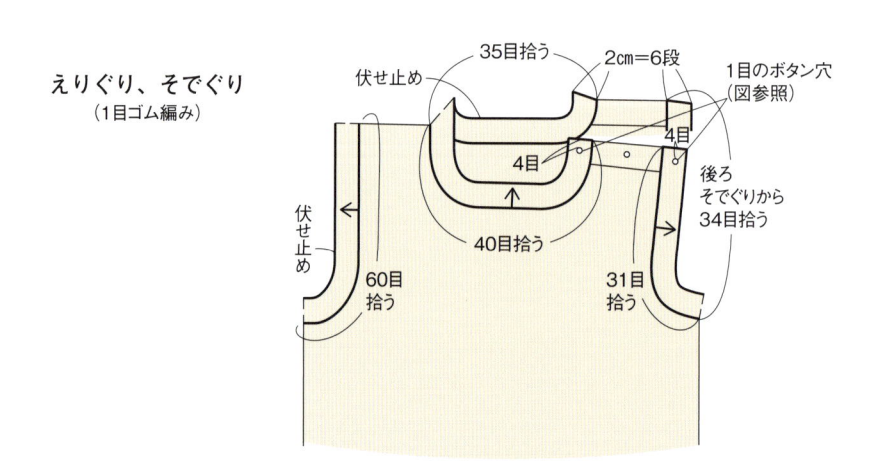

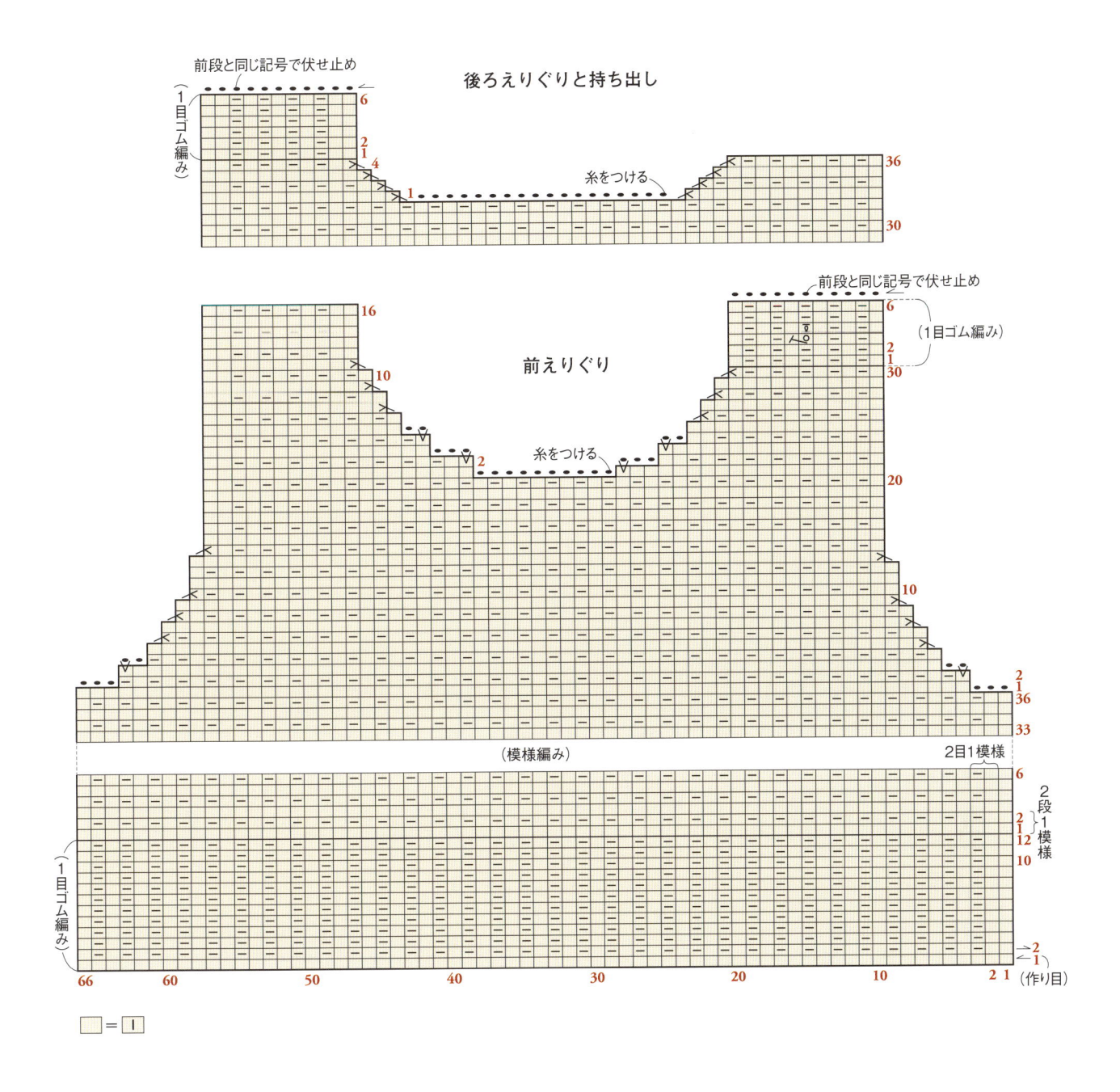

後ろえりぐりと持ち出し

前段と同じ記号で伏せ止め

（1目ゴム編み）

糸をつける

6
2
1
4
1
36
30

前えりぐり

前段と同じ記号で伏せ止め

（1目ゴム編み）

糸をつける

16
10
6
2
1
30
2
20
10
2
1
36
33

（模様編み）

2目1模様

2段1模様

（1目ゴム編み）

6
2
1
12
10
2
1

66　60　50　40　30　20　10　2　1　（作り目）

☐ = 〡

前段と同じ記号で伏せ止め

左前そでぐりのボタン穴

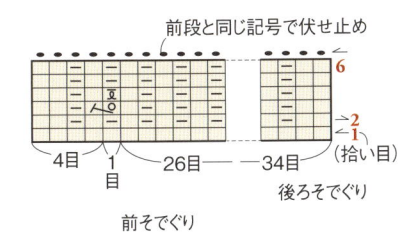

前段と同じ記号で伏せ止め

6
2
1
（拾い目）

4目　1目　26目　34目
後ろそでぐり
前そでぐり

前えりぐりのボタン穴

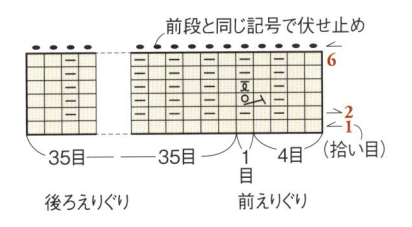

前段と同じ記号で伏せ止め

6
2
1
（拾い目）

35目　35目　1目　4目
後ろえりぐり　前えりぐり

半そでカーディガン 32ページ

[用意するもの]

糸 ハマナカ ポーム リリー《フルーツ染め》(25g玉巻)
ぶどう (506) 150g

針 ハマナカ アミアミ5号玉付2本棒針 5号4本棒針

その他 直径1.5cmのボタン3個

[ゲージ] ガーター編み 22目、44段=10cm角

[サイズ] 胸囲58cm 着丈31.5cm ゆき14cm

[編み方] 糸は1本どりで編みます。

1 ヨークは一般的な作り目をし、えりぐりからガーター編みで図のようにラグラン線で増し目をしながら編みますが、右前端にはボタン穴をあけながら44段編みます。

2 左右のそであきを休み目します。1段めで図のように増し目をし、まちを巻き目で4目作り目して前後身ごろを続けてガーター編みで編みます。編み終わりは伏せ止めます。

3 そであきとまちの作り目から拾い目してそで口をガーター編みで編み、伏せ止めます。

4 ボタンをつけます。

そで口のガーター編み記号図

V =すべり目（表目を編むように針を入れて右針に移す）

ω =巻き増し目

□ =囗

ヨーク、身ごろの増し目とボタン穴のあけ方

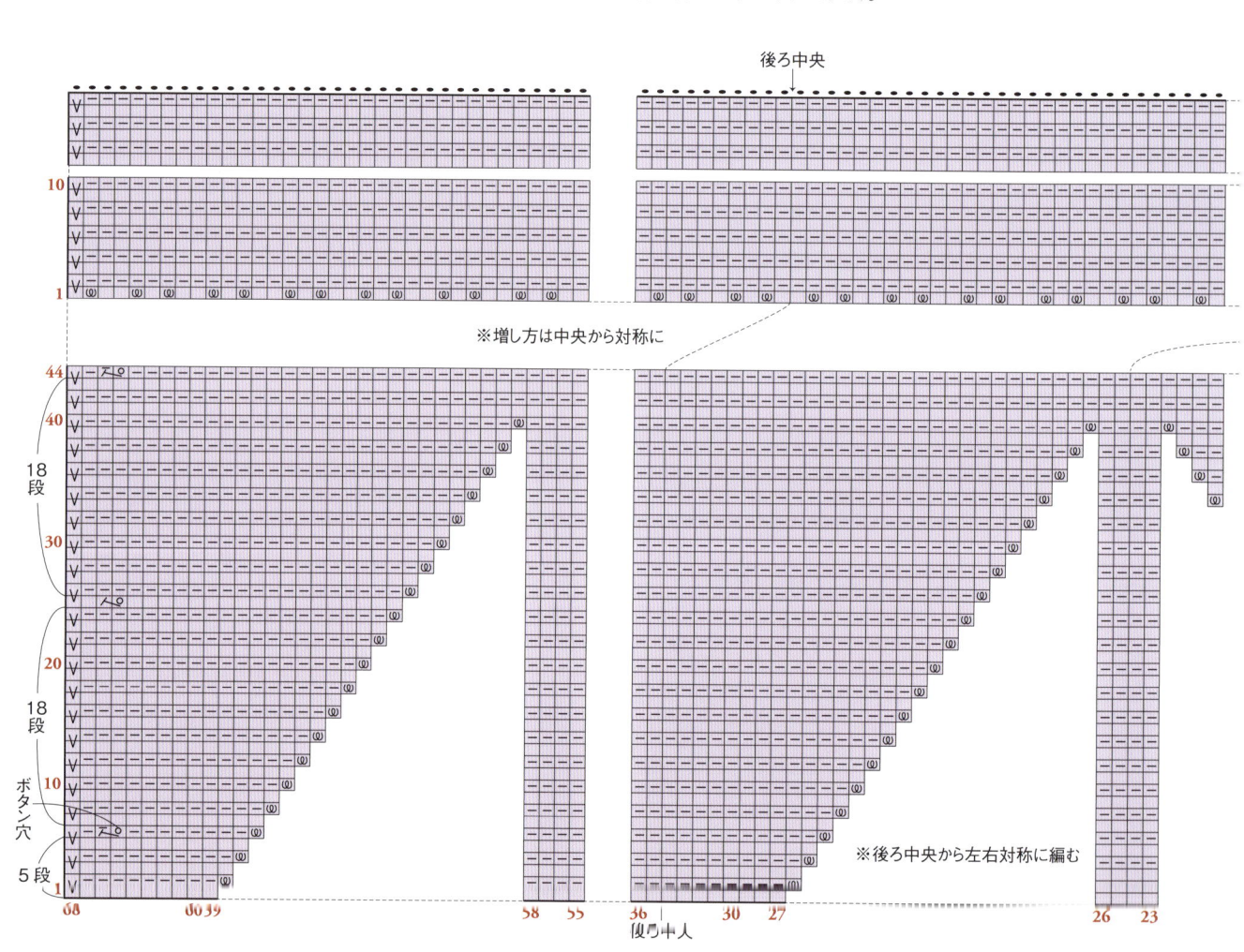

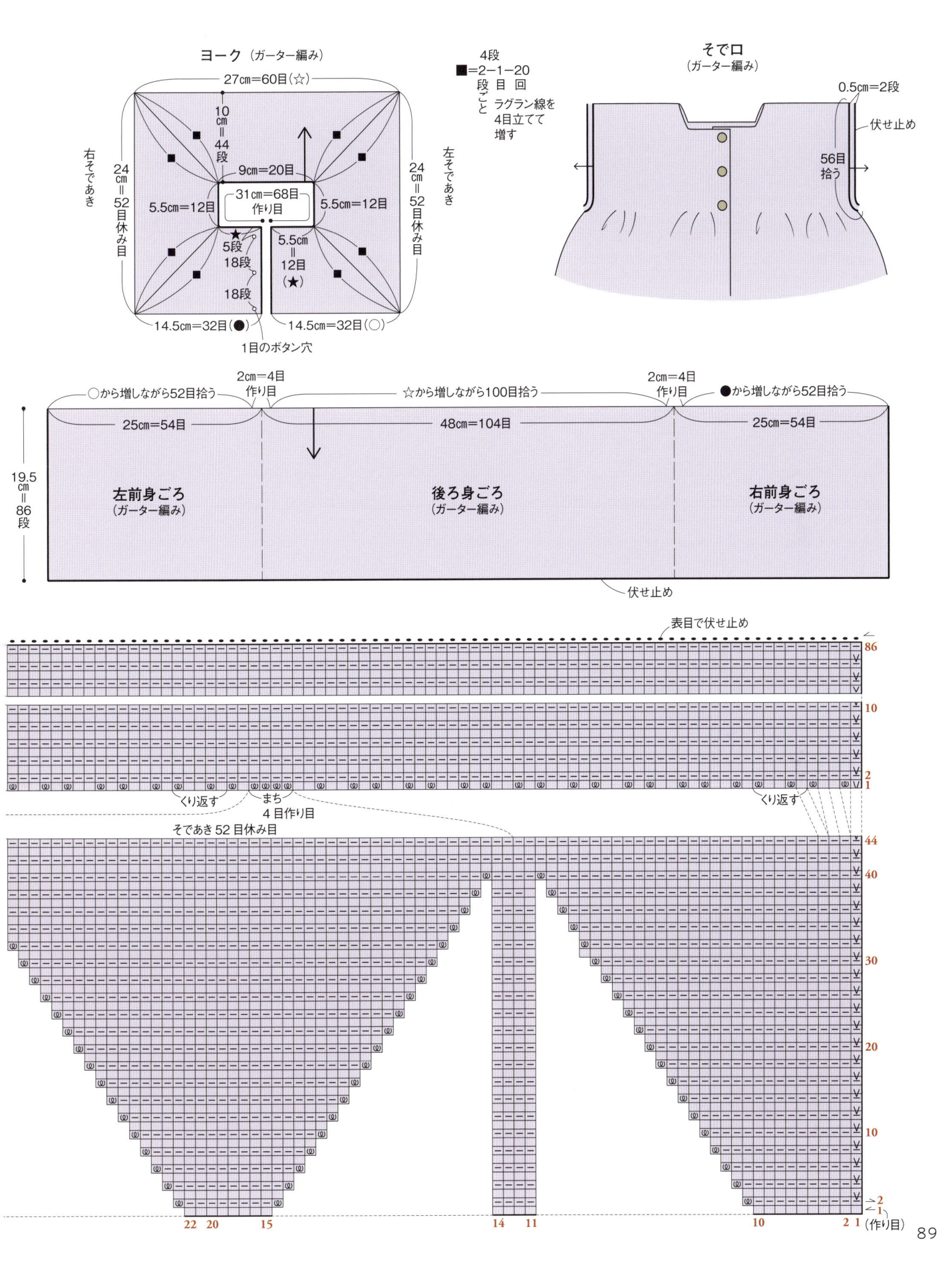

ヨーク（ガーター編み）

27cm=60目（☆）

10cm=44段

9cm=20目

5.5cm=12目　5.5cm=12目

31cm=68目（作り目）

24cm=52目休み目　右そであき

左そであき　24cm=52目休み目

5.5cm=12目（★）

5段18段　18段

14.5cm=32目（●）　14.5cm=32目（○）

1目のボタン穴

4段
■=2-1-20
段　目　回
段ごと　ラグラン線を
4目立てて
増す

そで口（ガーター編み）

0.5cm=2段

伏せ止め

56目拾う

○から増しながら52目拾う　2cm=4目作り目　☆から増しながら100目拾う　2cm=4目作り目　●から増しながら52目拾う

25cm=54目　48cm=104目　25cm=54目

19.5cm=86段

左前身ごろ（ガーター編み）　後ろ身ごろ（ガーター編み）　右前身ごろ（ガーター編み）

伏せ止め

表目で伏せ止め

86

10

2
1

くり返す　まち4目作り目　くり返す

そであき52目休み目

44
40
30
20
10
2
1（作り目）

22　20　15　14　11　10　2　1

89

なわ編みカーディガン 33 ページ

[用意するもの]

糸 ハマナカ ボーム リリー《フルーツ染め》(25g 玉巻)
ブルーベリー (505) 185g

針 ハマナカ アミアミ5号、4号玉付2本棒針

その他 直径1.5cmのボタン5個

[ゲージ] かのこ編み 25目、38段＝10cm角
模様編み 16目＝5.5cm 38段＝10cm

[サイズ] 胸囲66cm 着丈35cm ゆき35cm

[編み方] 糸は1本どりで編みます。

1 前後身ごろは一般的な作り目をし、1目ゴム編み、かのこ編み、模様編みで図のように編みます。

2 そでは一般的な作り目をし、1目ゴム編みとかのこ編みで編みます。

3 肩をかぶせ引き抜きはぎし、そでを目と段のはぎでつけます。

4 えりぐりは拾い目して1目ゴム編みで編み、伏せ止めます。

5 前端から拾い目し、前立てを1目ゴム編みで編みますが、左前にはボタン穴をあけて編みます。

6 わきとそで下を続けてすくいとじします。

7 ボタンをつけます。

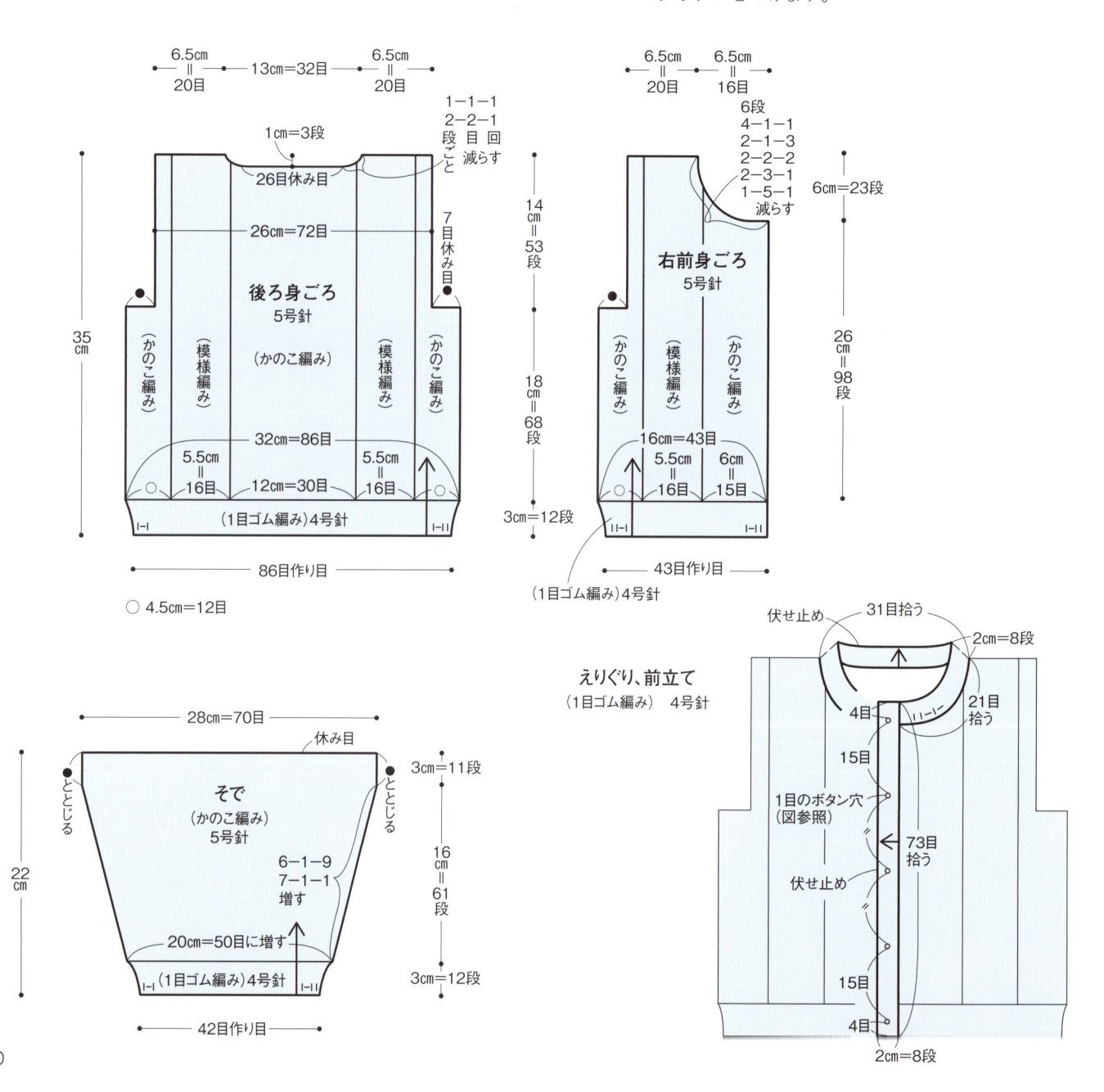

後ろ身ごろ

□ = |

前立てとボタン穴のあけ方

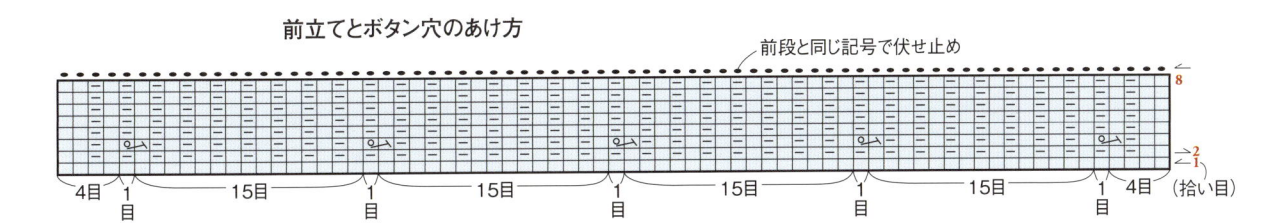

次ページに続く

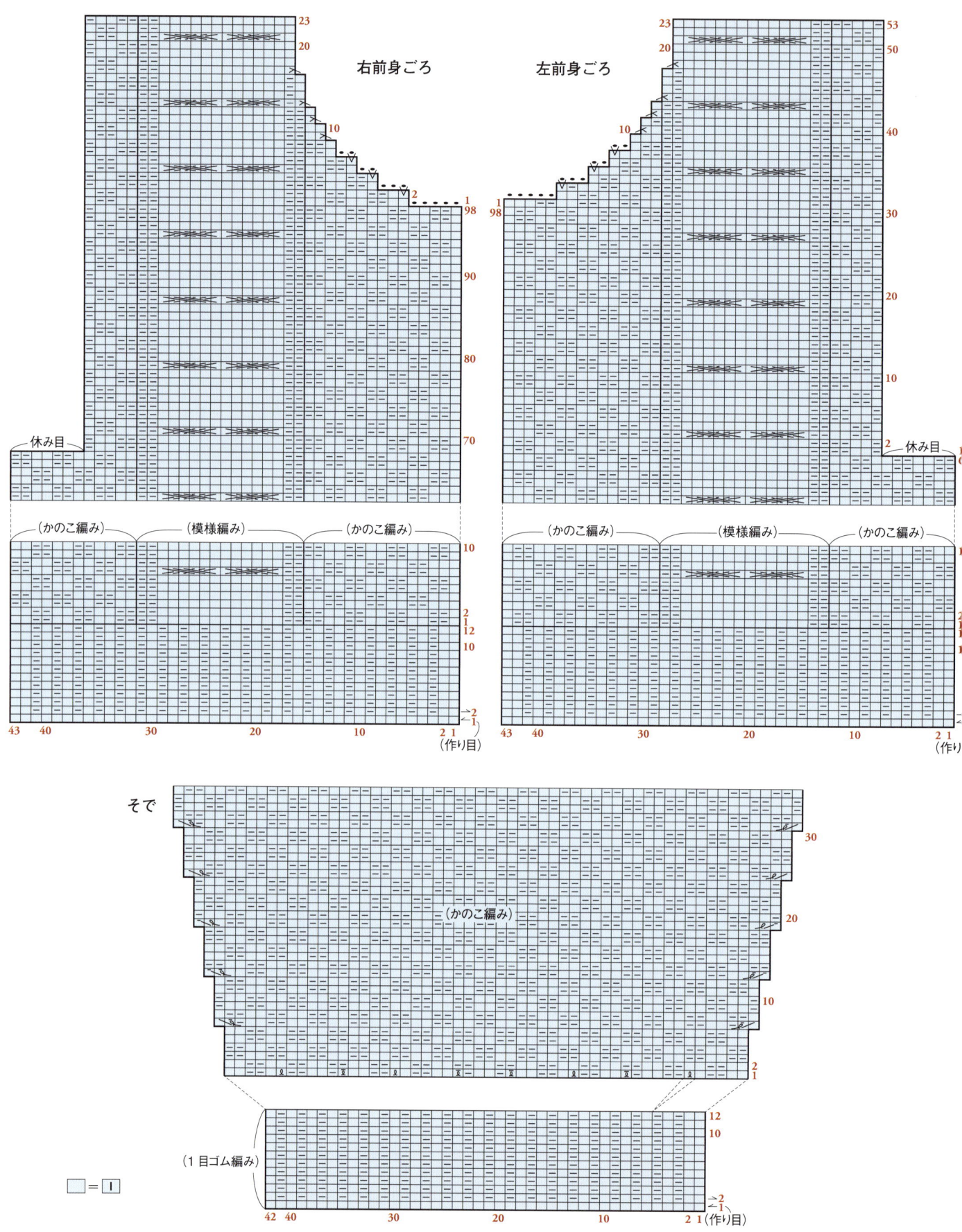

右前身ごろ

左前身ごろ

休み目

（かのこ編み）　（模様編み）　（かのこ編み）

（かのこ編み）　（模様編み）　（かのこ編み）

（作り目）

（作り目）

そで

（かのこ編み）

（1目ゴム編み）

（作り目）

□ = Ｉ

スカート 31ページ

[用意するもの]

糸 ハマナカ ポーム《彩土染め》(25g玉巻) グレー(45) 110g

針 ハマナカ アミアミ5号玉付2本棒針、4本棒針

その他 幅1.8cmのゴムテープ47cm

[ゲージ] ②模様編み 22目、25段=10cm角

[サイズ] 胴囲45cm スカート丈24cm

[編み方] 糸は1本どりで編みます。

1 スカートは一般的な作り目をし、ガーター編みと①、②模様編みで図のように編みます。編み終わりは伏せ止めます。

2 わきをすくいとじして輪にします。

3 スカートの伏せ目から拾い目し、メリヤス編みでウエストベルトを輪に編んで伏せ止めます。

4 ゴムテープは端を2cm重ねて縫い合わせ、輪にします。

5 ベルトを二つ折りにしてゴムテープをはさんでまつります。

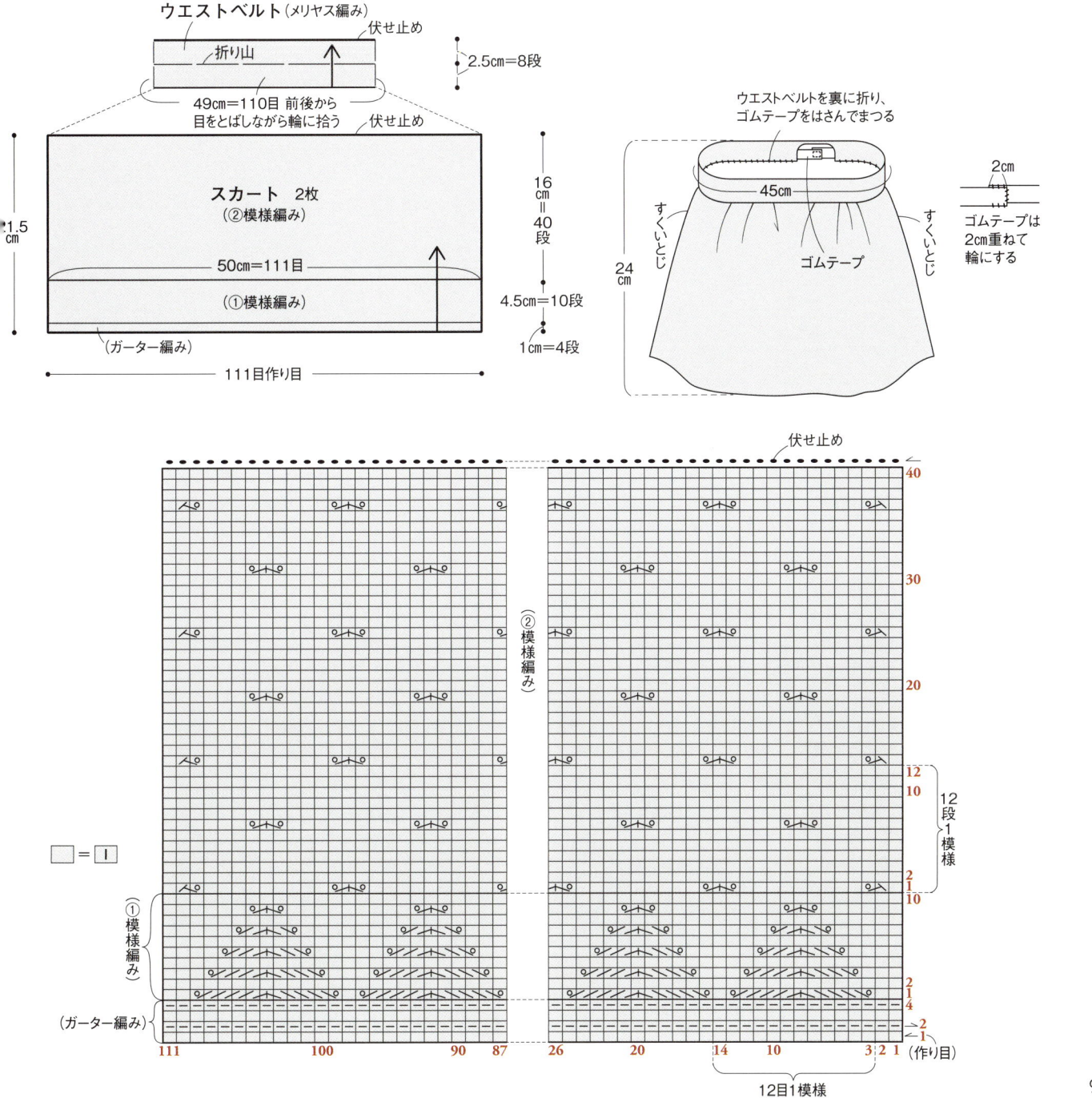

ウエストベルト(メリヤス編み)

折り山　伏せ止め

2.5cm=8段

49cm=110目 前後から目をとばしながら輪に拾う　伏せ止め

スカート 2枚
(②模様編み)

50cm=111目

(①模様編み)

(ガーター編み)

111目作り目

1.5cm

16cm=40段

4.5cm=10段

1cm=4段

ウエストベルトを裏に折り、ゴムテープをはさんでまつる

45cm

24cm

すくいとじ　ゴムテープ　すくいとじ

2cm

ゴムテープは2cm重ねて輪にする

□=Ⅰ

伏せ止め

②模様編み

①模様編み

(ガーター編み)

12段1模様

12目1模様

(作り目)

93

えりつきカーディガン 34 ページ

[用意するもの]

糸 ハマナカ ポーム コットンリネン (25g玉巻)
ベージュ (202) 160g

針 ハマナカ アミアミ5号、4号玉付2本棒針

その他 直径1.5cmのボタン6個

[ゲージ] 模様編み 23.5目、31段＝10cm角

[サイズ] 胸囲68.5cm 着丈36cm ゆき40cm

[編み方] 糸は1本どりで編みます。

1 前後身ごろ、そでは一般的な作り目をし、ガーター編みと模様編みで図のように編みますが、左前身ごろにはボタン穴をあけながら編みます。

2 ラグラン線をメリヤスはぎとすくいとじでとじ合わせます。

3 えりは拾い目してガーター編みを編み、伏せ止めます。

4 わきとそで下を続けてすくいとじします。

5 ボタンをつけます。

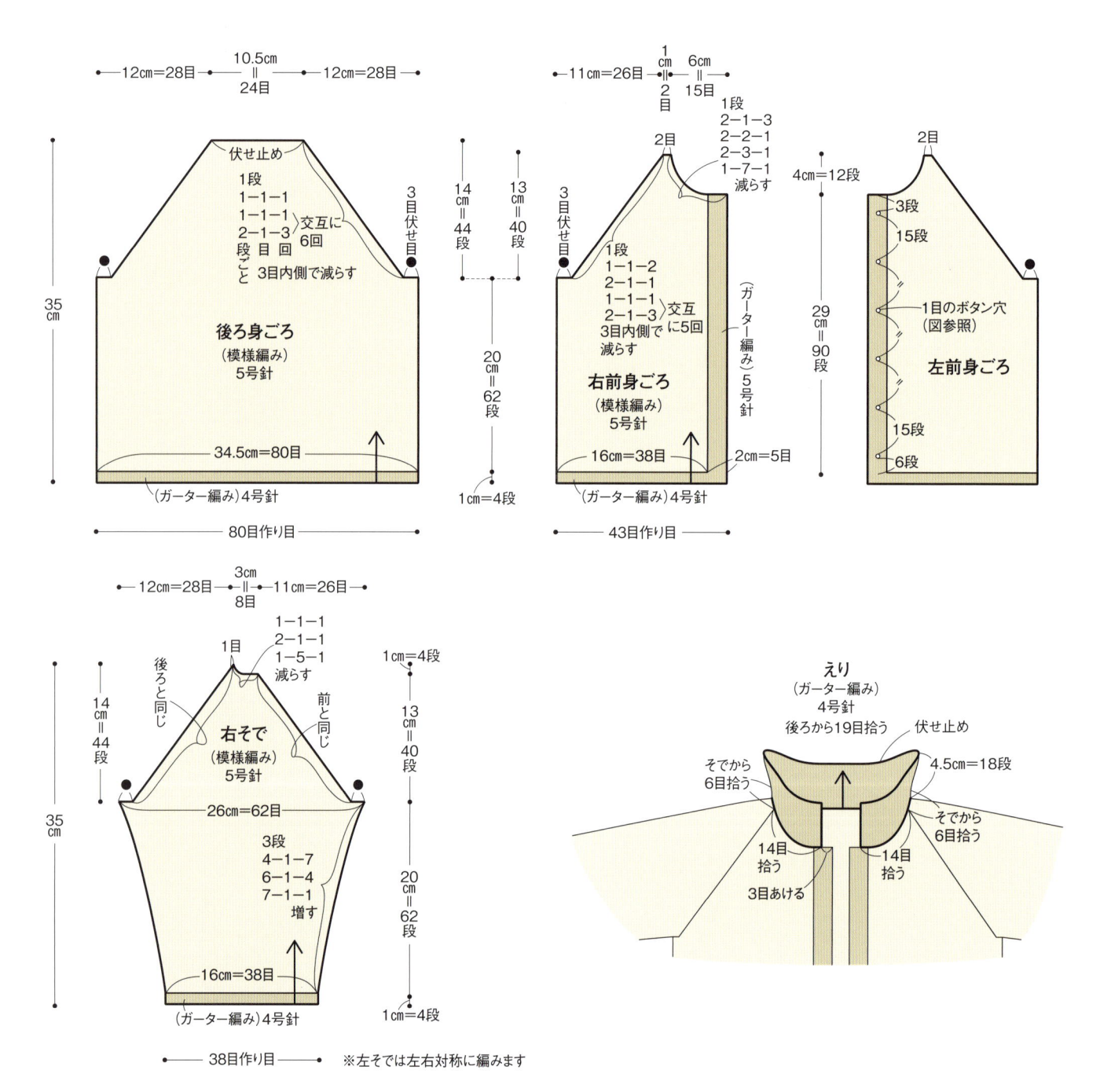

後ろ身ごろ

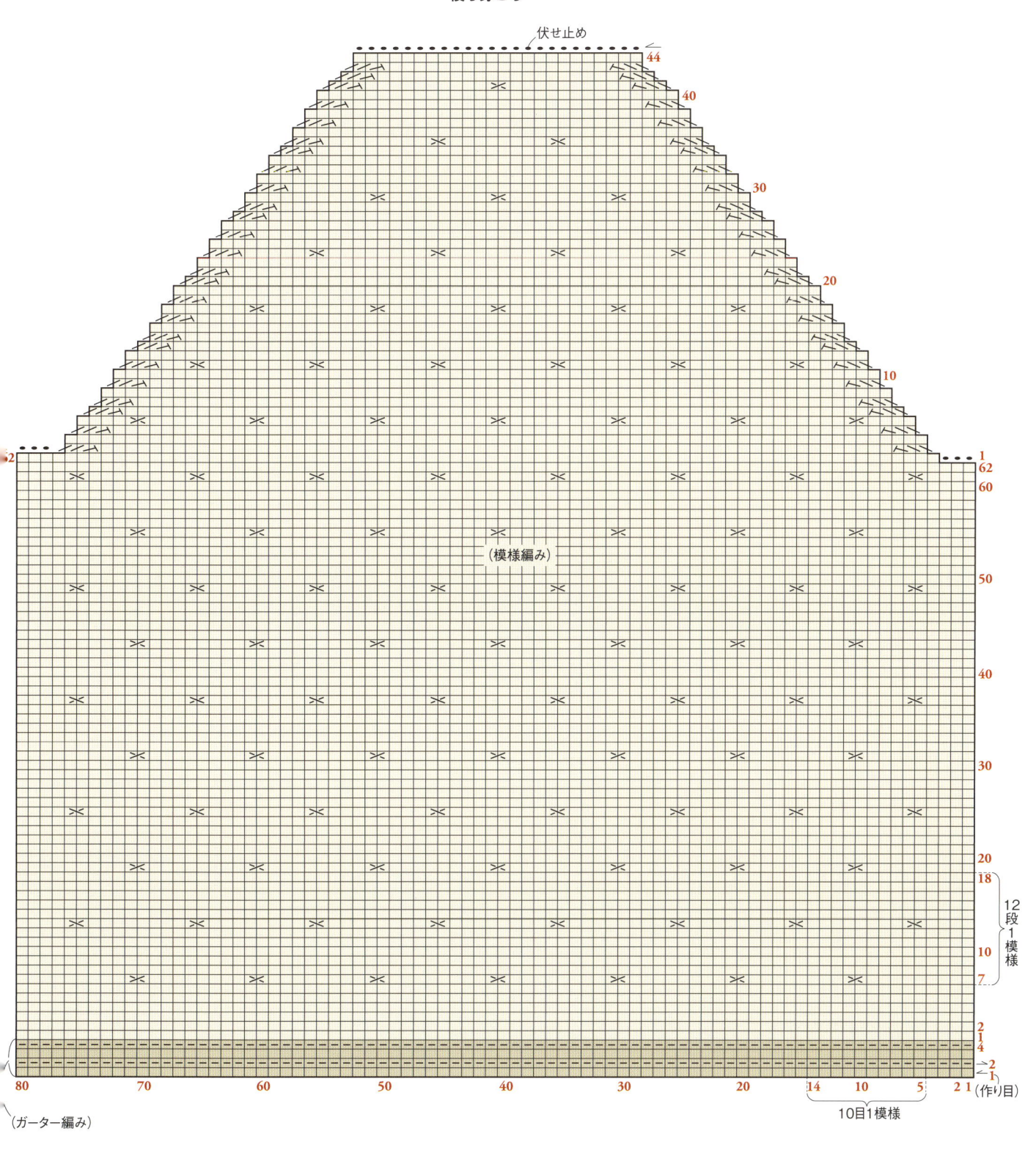

伏せ止め

44
40
30
20
10
62
60
50
40
30
20
18
10
7
12段1模様
2
1
4
2
1

（模様編み）

（ガーター編み）

80　　70　　60　　50　　40　　30　　20　14　10　5　2 1（作り目）

10目1模様

□ = Ｉ

次ページに続く

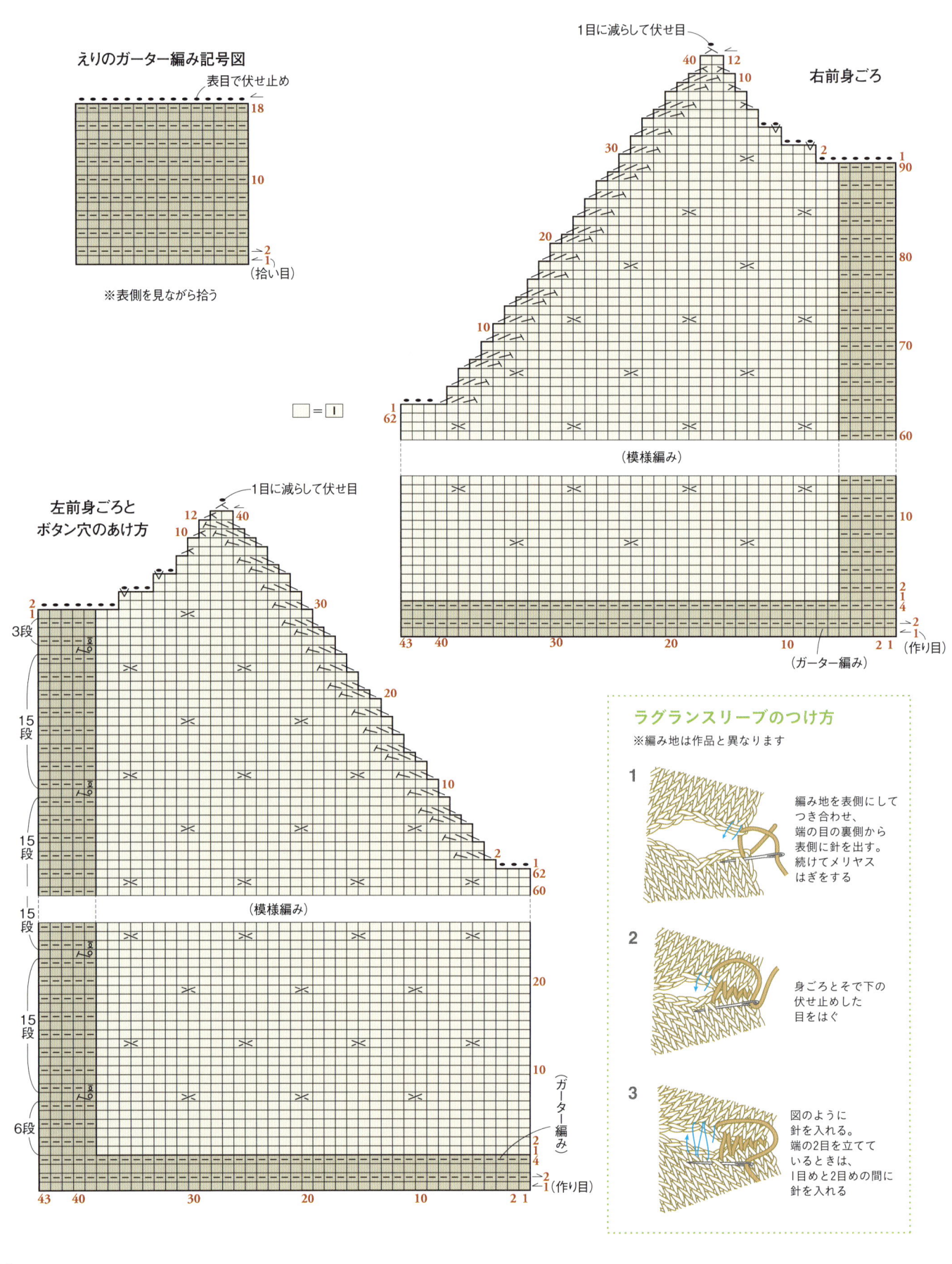

えりのガーター編み記号図

表目で伏せ止め

18

10

2
1
(拾い目)

※表側を見ながら拾う

□ = Ⅰ

1目に減らして伏せ目

右前身ごろ

40 12
10

30

2 1
90

20

80

10

70

1
62

60

(模様編み)

10

2
1
4

2
1
(作り目)

43 40 30 20 10 2 1

(ガーター編み)

左前身ごろと
ボタン穴のあけ方

1目に減らして伏せ目

12 40
10

30

2
1

3段

15段

20

15段

10

2
1
62
60

15段

(模様編み)

20

15段

10

6段

2
1
4

2
1
(作り目)

(ガーター編み)

43 40 30 20 10 2 1

ラグランスリーブのつけ方

※編み地は作品と異なります

1 編み地を表側にして
つき合わせ、
端の目の裏側から
表側に針を出す。
続けてメリヤス
はぎをする

2 身ごろとそで下の
伏せ止めした
目をはぐ

3 図のように
針を入れる。
端の2目を立てて
いるときは、
1目めと2目めの間に
針を入れる

96

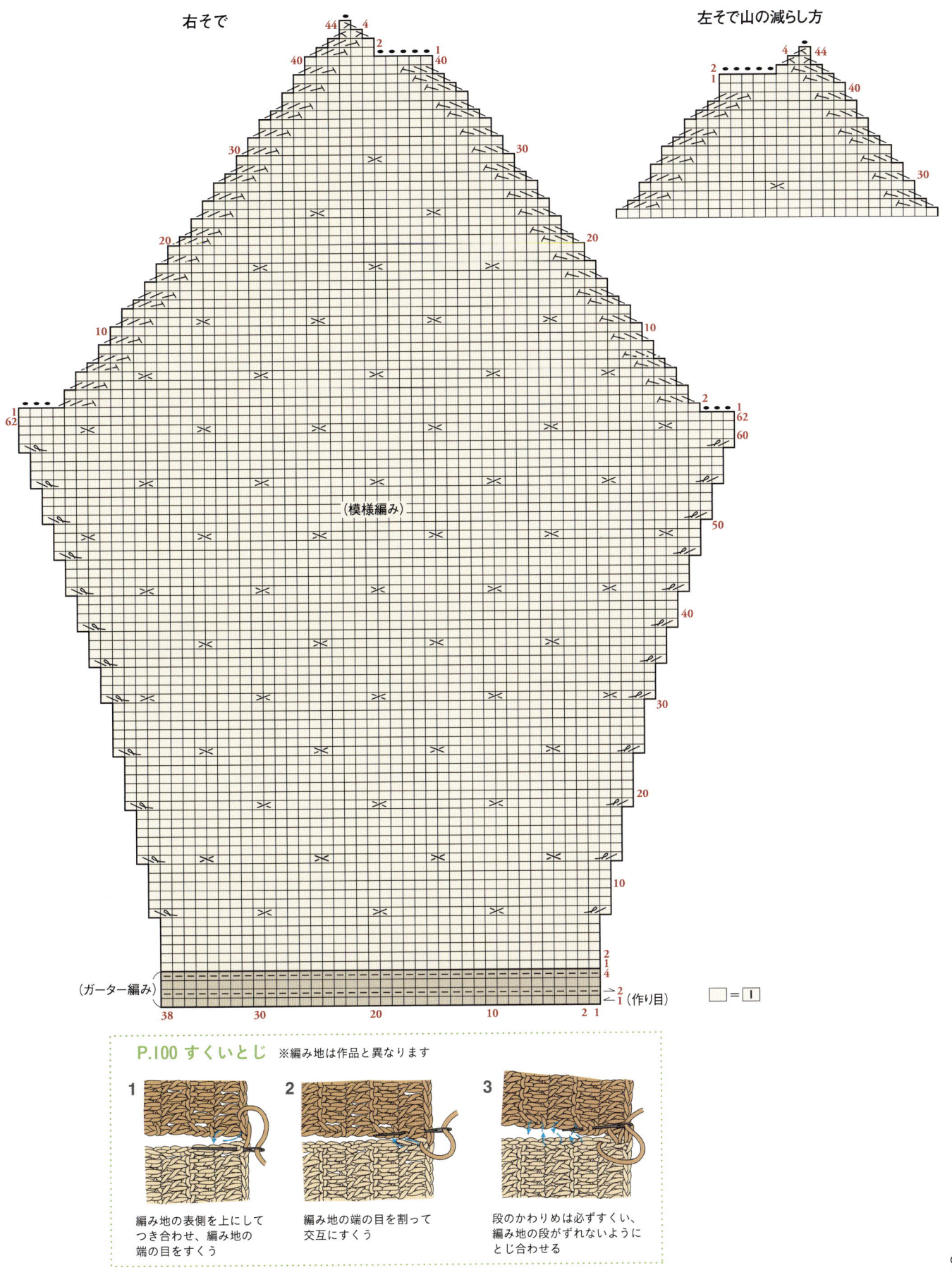

右そで

左そで山の減らし方

(模様編み)

(ガーター編み)

□=□

P.100 すくいとじ ※編み地は作品と異なります

1 編み地の表側を上にして つき合わせ、編み地の 端の目をすくう

2 編み地の端の目を割って 交互にすくう

3 段のかわりめは必ずすくい、 編み地の段がずれないように とじ合わせる

ワンピース 35ページ

[用意するもの]

糸 ハマナカ ポーム ベビーカラー（25g 玉巻）
ブルー（95）140g

針 ハマナカ アミアミ5号、4号玉付2本棒針
4号4本棒針

その他 直径1.2cmのボタン3個

[ゲージ] 模様編み 22目、30段＝10cm角
1目ゴム編み 29目、29段＝10cm角

[サイズ] 着丈40cm 背肩幅19cm

[編み方] 糸は1本どりで編みます。

1 前後スカートは一般的な作り目をし、ガーター編み
と模様編みで図のように編みます。

2 スカートから減らし目をしながら拾い目し、前後身
ごろを1目ゴム編みで編みます。

3 肩をかぶせ引き抜きはぎします。

4 えりぐり、そでぐりにガーター編みを編みます。

5 後ろあきは拾い目してガーター編みで編みますが、
右側にはボタン穴をあけながら編みます。

6 わきをすくいとじします。

7 ボタンをつけます。

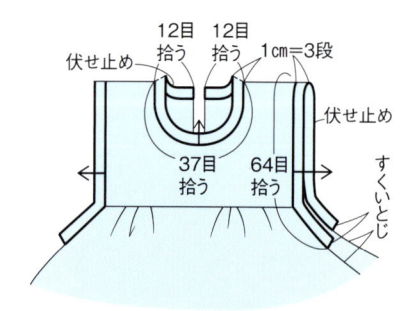

えりぐり、そでぐり （ガーター編み）4号針

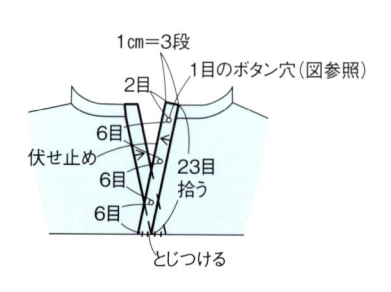

後ろあき （ガーター編み）4号針

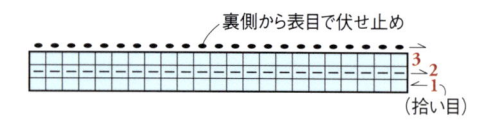

ガーター編み記号図

ボタン穴のあけ方

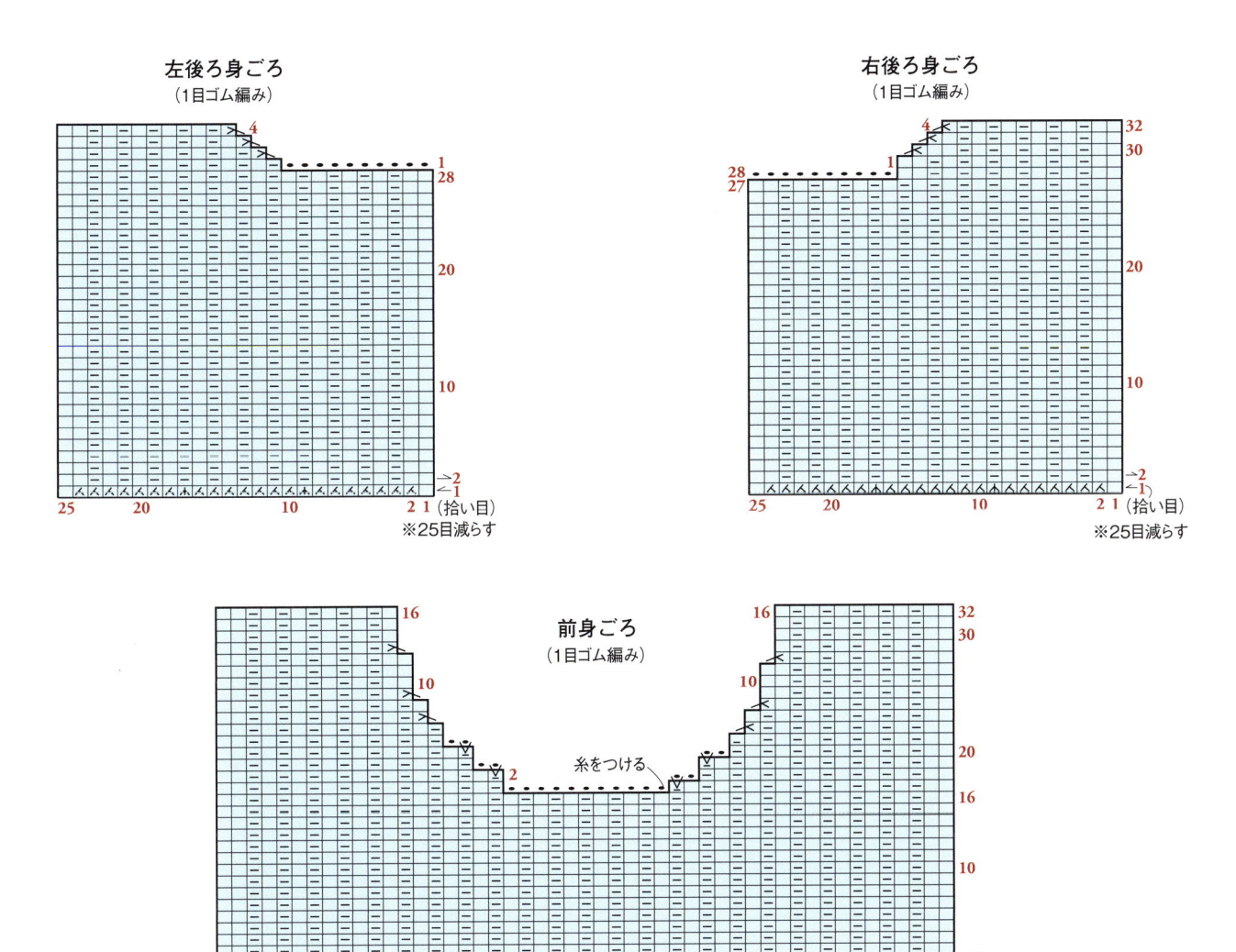

左後ろ身ごろ
（1目ゴム編み）

右後ろ身ごろ
（1目ゴム編み）

※25目減らす

※25目減らす

前身ごろ
（1目ゴム編み）

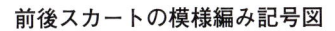

糸をつける

□ = □

※51目減らす

前後スカートの模様編み記号図

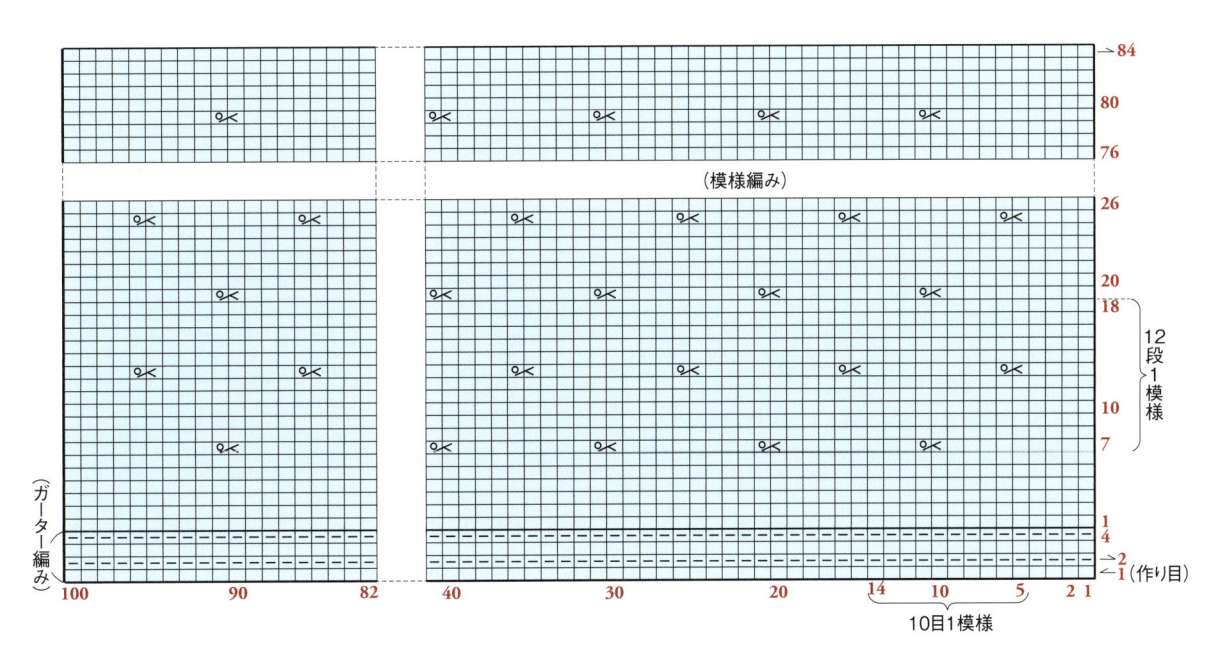

（模様編み）

12段1模様

（ガーター編み）

10目1模様

かぎ針編みのパンツ 36ページ

[用意するもの]

糸 ハマナカ ボーム リリー《フルーツ染め》(25g玉巻)
ブルーベリー (505) 130g

針 ハマナカ アミアミ両かぎ針ラクラク6/0号

その他 幅1.5cmのゴムテープ50cm

[ゲージ] ①模様編み 23目=10cm 3模様 (12段) =7cm

[サイズ] 胴囲48cm 腰まわり60cm 丈30.5cm

[編み方] 糸はひも以外、1本どりで編みます。

1 左右パンツはくさり60目を作り目し、①模様編み
で5段編みます。後ろ側で9目増し目をし、ウエス
トまで編みます。

2 合印を合わせて股下をとじ、股上をとじ合わせます。

3 ひもは糸2本どりでくさり編みをします。

4 ウエストから拾い目し、ウエストベルトを編みます。

5 ゴムテープは端を2cm重ねて縫い合わせ、輪にします。

6 ひもをひも通し穴から通し、ゴムテープと一緒には
さんでウエストベルトを二つ折りにしてまつります。

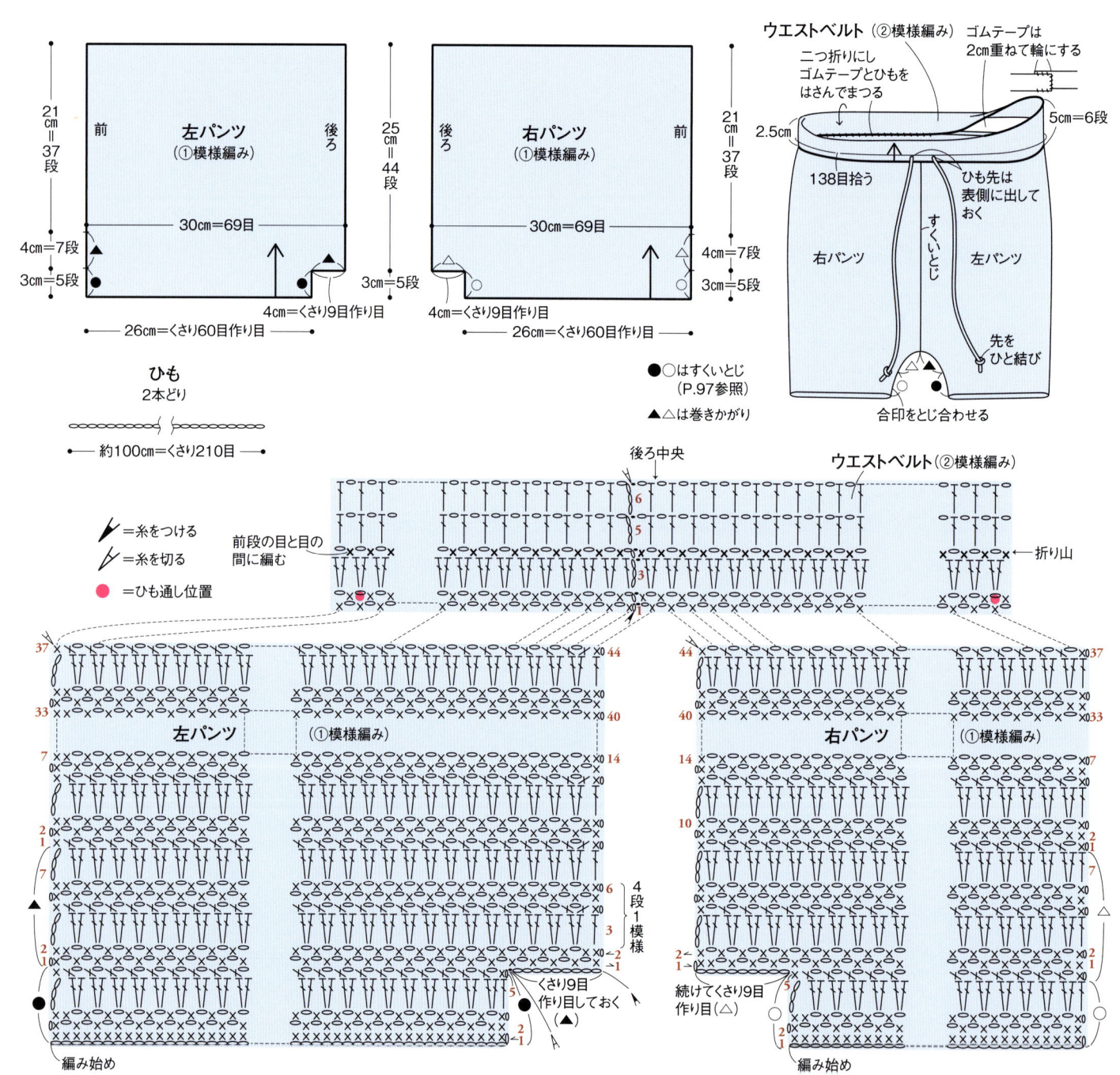

100

半そでワンピース 37ページ

[用意するもの]

糸 ハマナカ ポーム《彩土染め》(25g 玉巻)
ピンク (44) 160g

針 ハマナカ アミアミ6号玉付2本棒針
両かぎ針ラクラク5/0号

その他 直径1.5cmのボタン3個

[ゲージ] ②模様編み　20.5目、27段=10cm角

[サイズ] 胸囲62cm　着丈39cm　背肩幅22cm
そで丈11cm

[編み方]

糸は1本どりで、えりぐり以外は6号針で編みます。

1 前後身ごろ、そでは一般的な作り目をし、①、②模様
編みで図のように編みます。

2 後ろあきは後ろ身ごろから拾い目し、1目ゴム編みで
編みますが、右側にはボタン穴をあけながら編みます。

3 肩をかぶせ引き抜きはぎし、わきとそで下をすくいと
じします。

4 えりぐりにこま編みを編みます。

5 えりは一般的な作り目をし、②'模様編みで編みます。
えりから拾い目し、えりまわりを①模様編みで編みます。

6 すそ、そで口、えりまわりの①模様編みを5段めで内
側に折り、まつります。

7 えりをえりぐりのこま編みにまつります。

8 そでと身ごろを中表に合わせ、引き抜きとじでつけます。

9 ボタンをつけます。

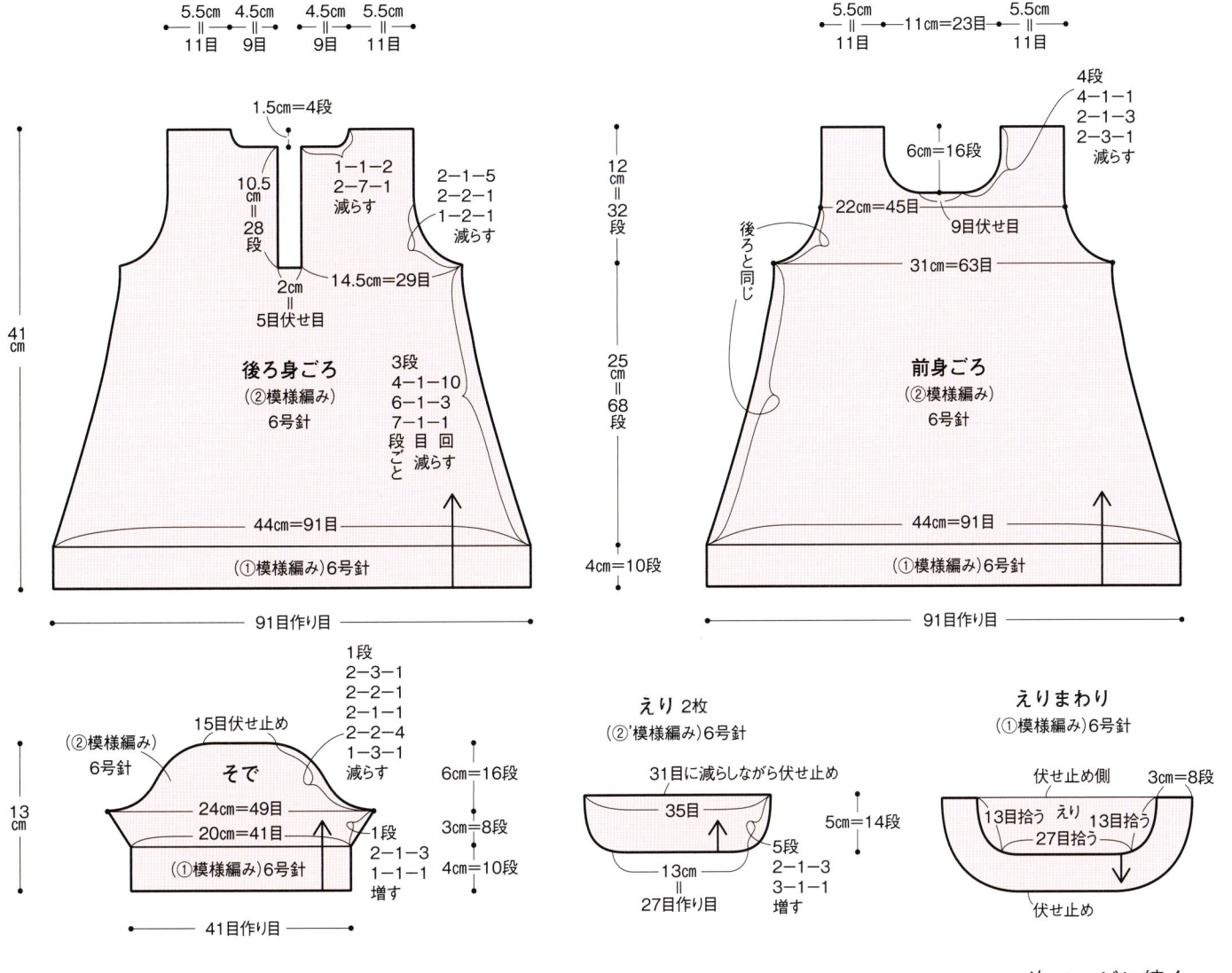

次ページに続く

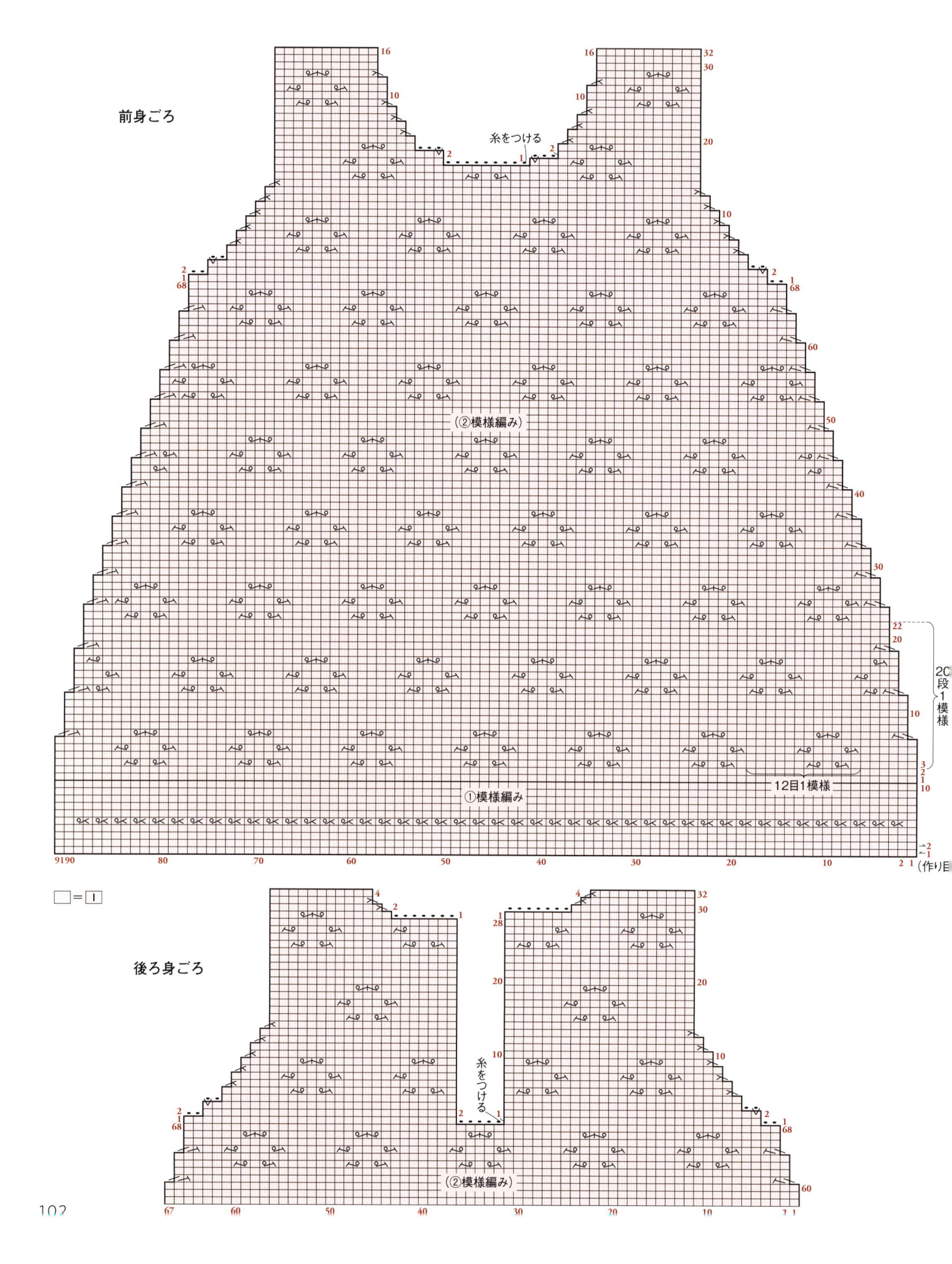

前身ごろ

（②模様編み）

2C段1模様

12目1模様

①模様編み

糸をつける

□ ＝ I

後ろ身ごろ

糸をつける

（②模様編み）

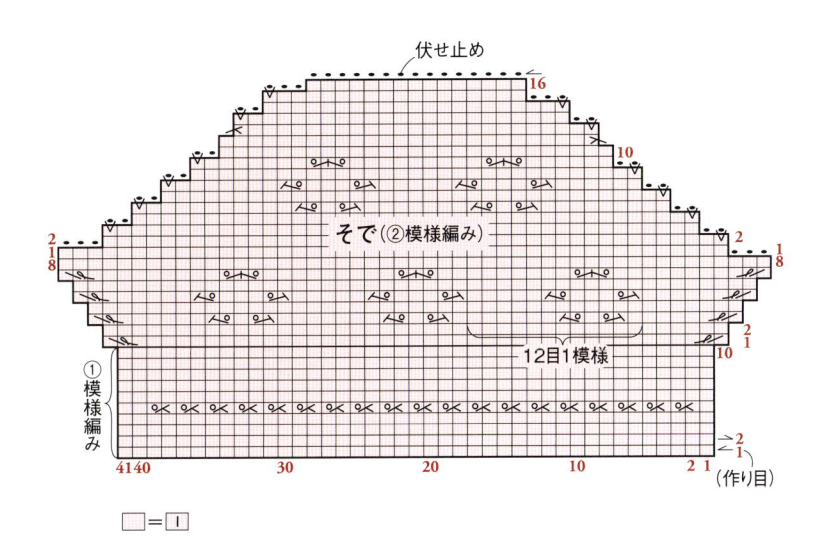

伏せ止め

そで（②模様編み）

①模様編み

12目1模様

□=Ⅰ

えりの②'模様編みと増し方

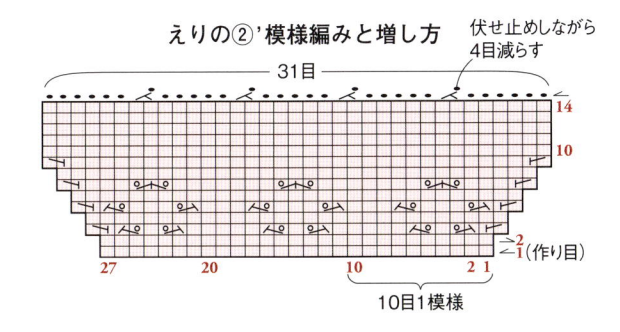

31目

伏せ止めしながら
4減らす

10目1模様

えりまわりの①模様編み

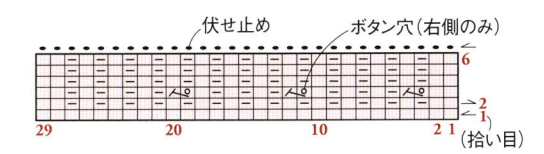

伏せ止め

後ろあきの1目ゴム編み

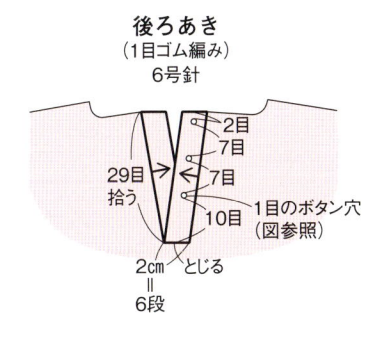

伏せ止め　　ボタン穴（右側のみ）

後ろあき
（1目ゴム編み）
6号針

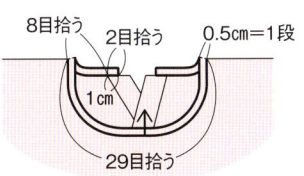

29目
拾う

2目
7目
7目
1目のボタン穴
（図参照）
10目

2cm＝とじる
＝
6段

えりぐり（こま編み）5/0号針

8目拾う　2目拾う　0.5cm＝1段

1cm

29目拾う

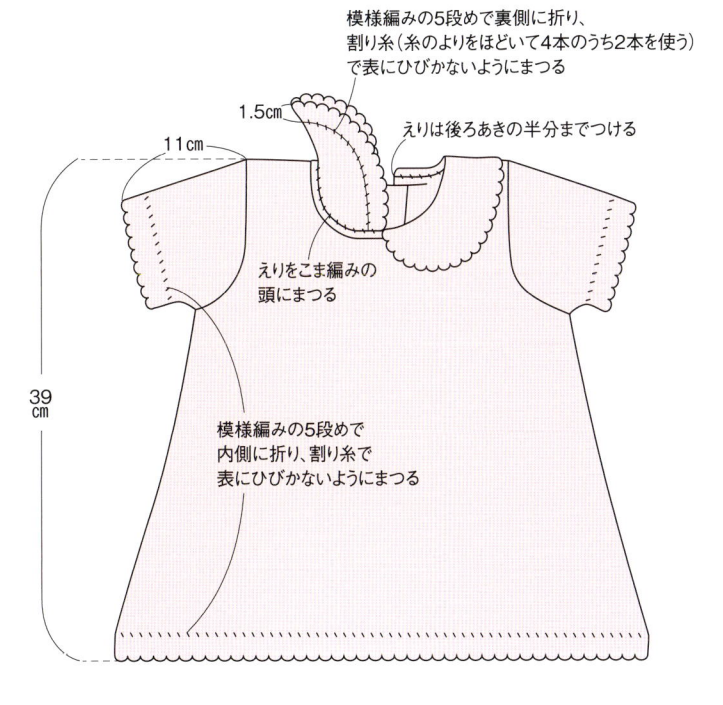

模様編みの5段めで裏側に折り、
割り糸（糸のよりをほどいて4本のうち2本を使う）
で表にひびかないようにまつる

1.5cm

11cm

えりは後ろあきの半分までつける

えりをこま編みの
頭にまつる

39
cm

模様編みの5段めで
内側に折り、割り糸で
表にひびかないようにまつる

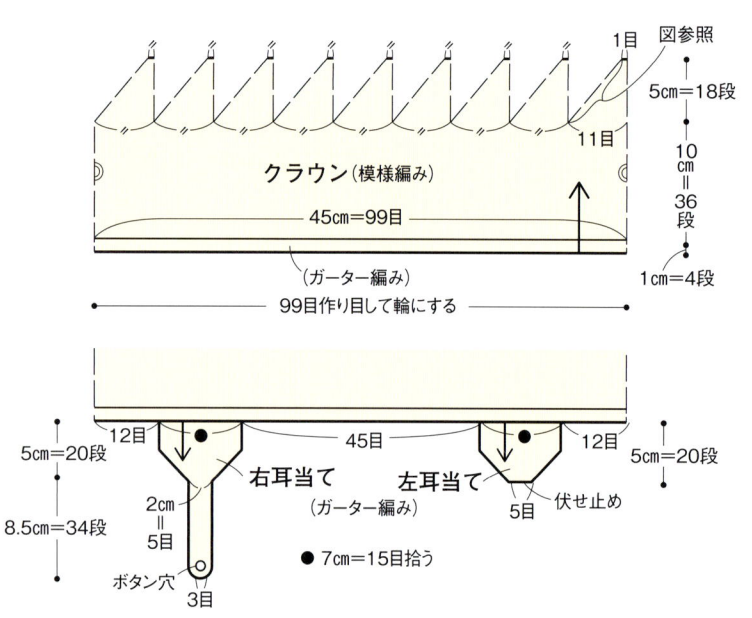

耳当てつき帽子 22 ページ

[用意するもの]

糸 ハマナカ ポーム《無垢綿（ムクワタ）》ベビー（25g 玉巻）
生成り（11）45g

針 ハマナカ アミアミ5号短5本棒針

その他 直径1.5cmのボタン1個

[ゲージ] 模様編み 22目、36段＝10cm角

[サイズ] 頭まわり45cm 深さ16cm

[編み方] 糸は1本どりで編みます。

1 一般的な作り目で99目作り目して輪にし、ガーター編みで4段、模様編みで36段編みます。

2 続けてトップを図のように減らしながら編み、残った目に糸を通して絞ります。

3 クラウンから拾い目し、耳当てを図のようにガーター編みで編み、編み終わりを伏せ止めます。

4 ボンボンを作り、トップにつけます。

5 ボタンをつけます。

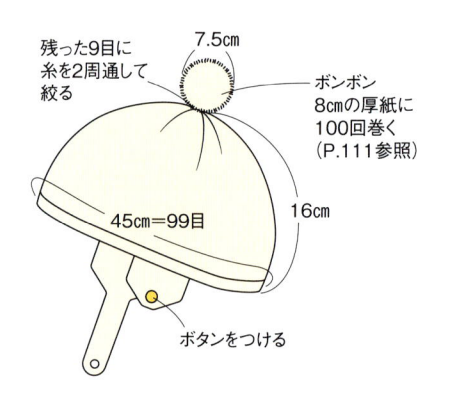

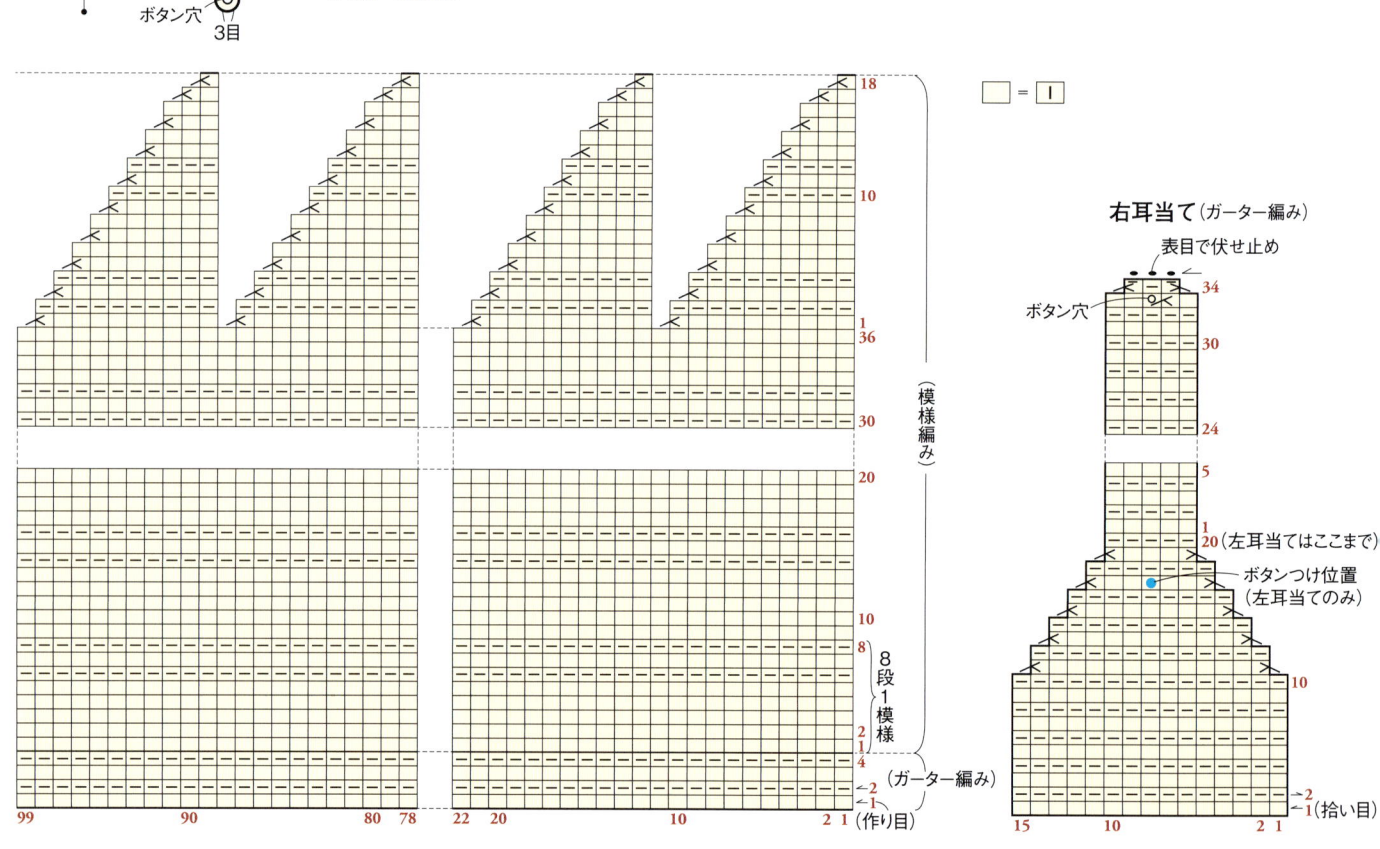

かぎ針編みの基礎

［編み目記号］

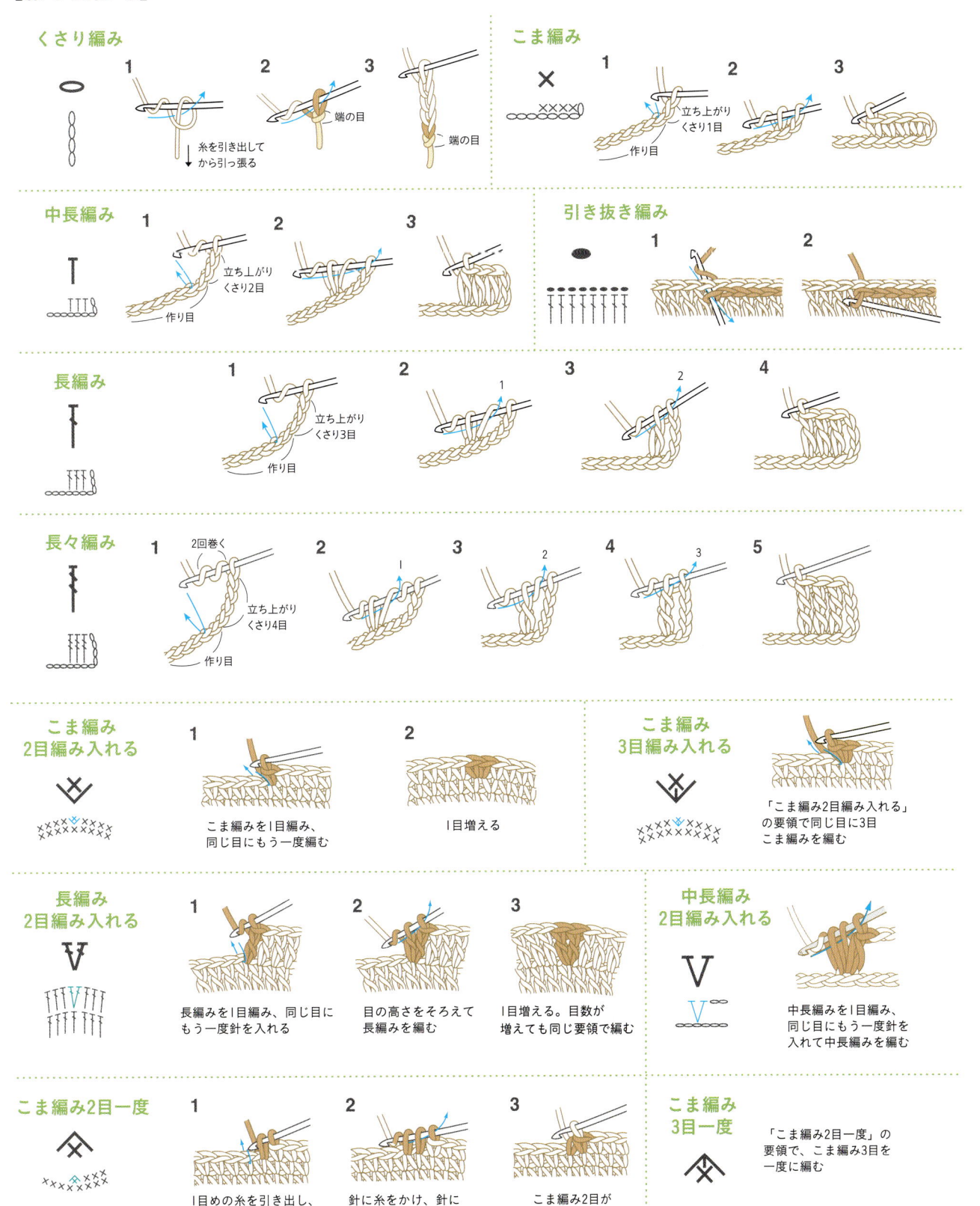

くさり編み

1　糸を引き出してから引っ張る
2　端の目
3　端の目

こま編み

1　立ち上がりくさり1目　作り目
2
3

中長編み

1　立ち上がりくさり2目　作り目
2
3

引き抜き編み

1
2

長編み

1　立ち上がりくさり3目　作り目
2
3
4

長々編み

1　2回巻く　立ち上がりくさり4目　作り目
2
3
4
5

こま編み2目編み入れる

1　こま編みを1目編み、同じ目にもう一度編む
2　1目増える

こま編み3目編み入れる

「こま編み2目編み入れる」の要領で同じ目に3目こま編みを編む

長編み2目編み入れる

1　長編みを1目編み、同じ目にもう一度針を入れる
2　目の高さをそろえて長編みを編む
3　1目増える。目数が増えても同じ要領で編む

中長編み2目編み入れる

中長編みを1目編み、同じ目にもう一度針を入れて中長編みを編む

こま編み2目一度

1　1目めの糸を引き出し、続けて次の目から糸を引き出す
2　針に糸をかけ、針にかかっているすべてのループを一度に引き抜く
3　こま編み2目が1目になる

こま編み3目一度

「こま編み2目一度」の要領で、こま編み3目を一度に編む

長編み2目一度

1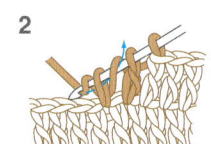
長編みの途中まで編み、
次の目に針を入れて糸を
引き出す

2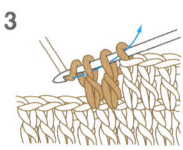
長編みの途中まで編む

3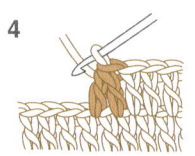
2目の高さをそろえ、
一度に引き抜く

4
長編み2目が1目になる。
目数が増えても同じ要領で
編む

中長編み2目一度

「長編み2目一度」の
要領で、中長編みを
2目一度に編む

中長編み3目の玉編み

1
針に糸をかけ、矢印のように
針を入れ、糸を引き出す
（未完成の中長編み）

2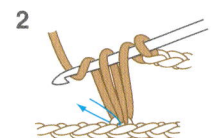
同じ目に未完成の
中長編みを編む

3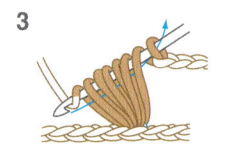
同じ目に未完成の中長編みを
もう1目編み、3目の高さをそろえ、
一度に引き抜く

4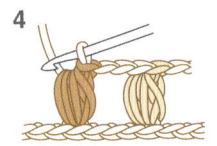

中長編み3目の変形玉編み

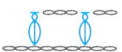

1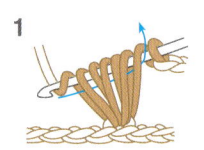
中長編み3目の玉編み
の要領で針に糸をかけ、
矢印のように引き抜く

2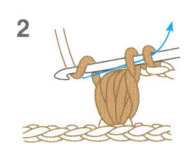
針に糸をかけ、2本の
ループを一度に引き抜く

3

〈記号の見方〉

根元が
ついている場合
前段の目に針を
入れて編む

根元が
離れている場合
前段のくさり編みの
ループをすくって編む
（束にすくうという）

こま編みのすじ編み

1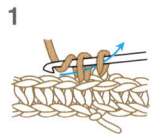
前段の頭の向こう側の
糸だけをすくう

2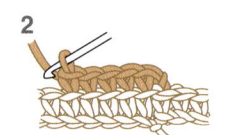
すじが立つように編む

うね編み

1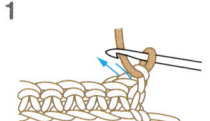
前段の頭の向こう側の
糸だけをすくう

2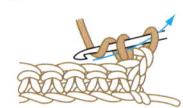
こま編みを編む

3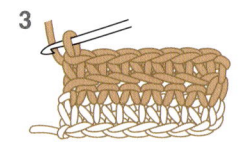
毎段向きをかえて往復編みで編む。
2段でひとつのうねができる

長編み表引き上げ編み

1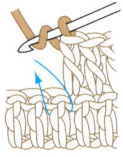
針に糸をかけ、前段の
足を矢印のようにすくう

2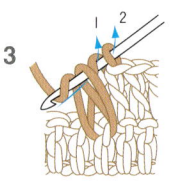
針に糸をかけ、前段の目や
隣の目の糸がつれないように
長めに糸を引き出す

3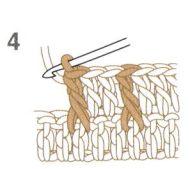
長編みと同じ
要領で編む

4

長編み裏引き上げ編み

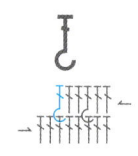

1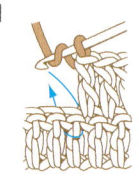
針に糸をかけ、
前段の足を裏側から
すくい、長めに
糸を引き出す

2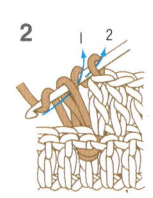
長編みと同じ
要領で編む

3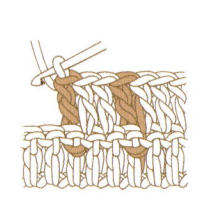

くさり3目のピコット

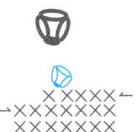

1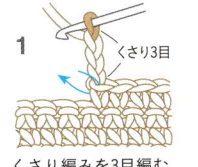

くさり3目

くさり編みを3目編む。
矢印のようにこま編みの頭1本と
足の糸1本をすくう

2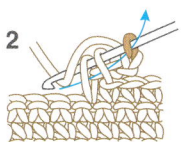

針に糸をかけ、全部の糸を
一度にきつめに引き抜く

3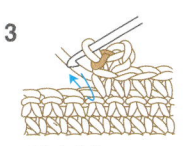

でき上がり。
次の目にこま編みを編む

［編み始め］

くさり編みの作り目に編みつける方法

くさり目の半目と裏山をすくう方法

くさり目の裏山だけすくう方法

1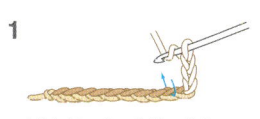

くさり目の向こう側の糸と
裏山の糸の2本をすくう

2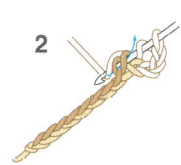

3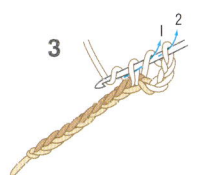

4

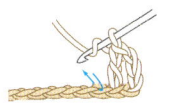

作り目のくさりがきれいに出る

糸端を輪にする作り目

1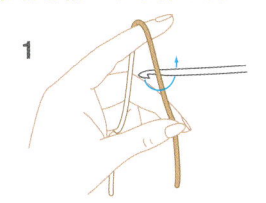

2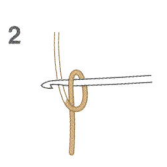

3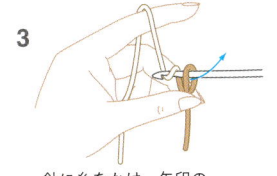

針に糸をかけ、矢印の
ように糸を引き出す

4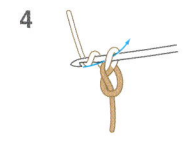

立ち上がりのくさり
編みを編む

5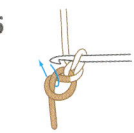

輪の中に
編み入れる

6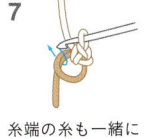

7

糸端の糸も一緒に
編みくるむ

8

きつく引く

必要目数を編み入れ、糸端を
引き締める。1目めに矢印の
ように針を入れる

9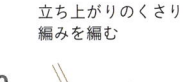

針に糸をかけ、
引き抜く

10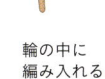

［糸の渡し方］

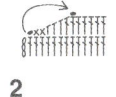

1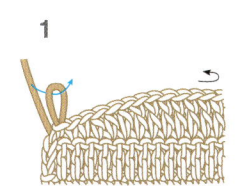

目を大きく広げ、編み糸を
通す。編み地を裏返す

2

ゆるめに渡す

次の段を編む

［色のかえ方］ 輪編みの場合

1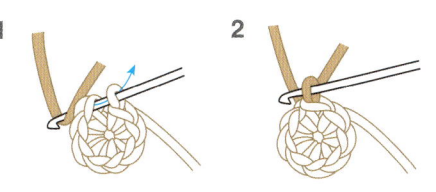

2

色をかえる手前の段の最後の糸を引き抜くときに、
新しい糸にかえて編む

［とじ、はぎ］

巻きかがりはぎ（全目）

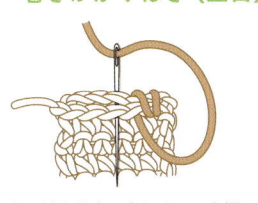

編み地を外表に合わせ、こま編みの
頭2本を1目ずつすくっていく

くさりとじ

1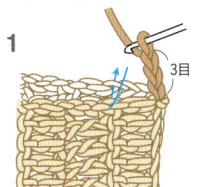

3目

2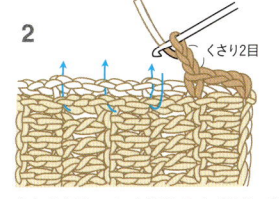

くさり2目

編み地を中表に合わせ、端の目から
糸を引き出し、編み地1段分の長さ
のくさりを編み、こま編みを編む

くさり編み、こま編みをくり返して
1段ずつとじる（模様によってくさ
りの目数がかわる）

くさりはぎ

1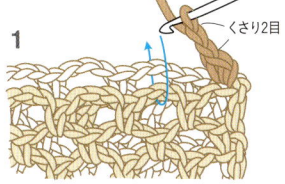

くさり2目

2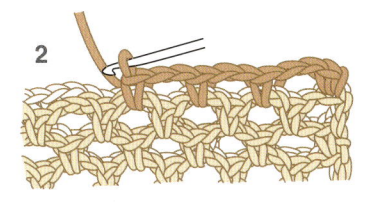

編み地を中表に合わせ、くさり
（目数は編み地によってかわる）
を編み、2枚のループをすくって
こま編みをきつめに編む

編み地がつれたり、ゆるみすぎないように
編みつなぐ

棒針編みの基礎

［計算の見方］

棒針の製図には、下図のようにそでぐりやえりぐりに減らし目の計算を入れています。数字は以下のように読みます。

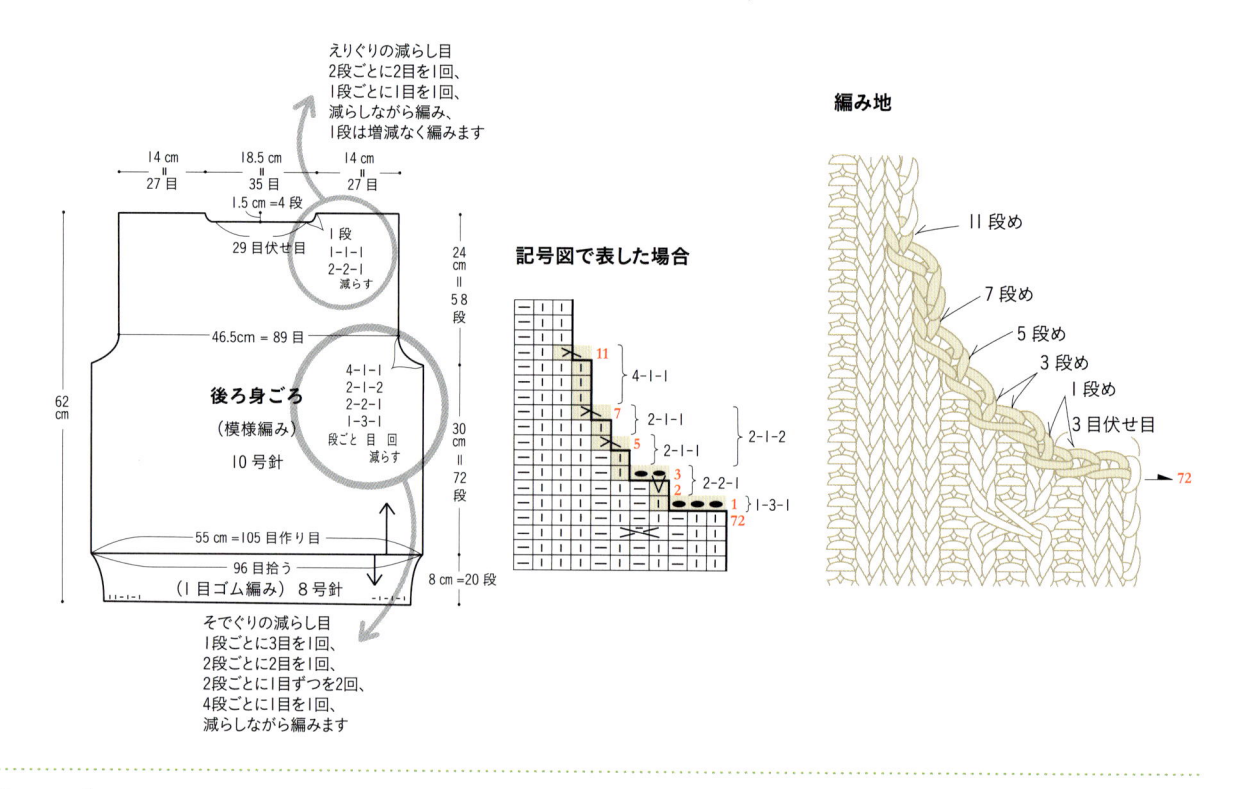

えりぐりの減らし目
2段ごとに2目を1回、
1段ごとに1目を1回、
減らしながら編み、
1段は増減なく編みます

編み地

14 cm / 27 目　18.5 cm / 35 目　14 cm / 27 目

1.5 cm = 4 段

29 目伏せ目

1 段
1-1-1
2-2-1
減らす

24 cm = 58 段

46.5cm = 89 目

後ろ身ごろ

（模様編み）

10 号針

4-1-1
2-1-2
2-2-1
1-3-1
段ごと 目 回
減らす

62 cm

30 cm = 72 段

記号図で表した場合

11 — 4-1-1
7 — 2-1-1 ｝2-1-2
5 — 2-1-1
3
2 — 2-2-1
1 — 1-3-1
72

11 段め
7 段め
5 段め
3 段め
1 段め
3 目伏せ目
72

55 cm = 105 目作り目

96 目拾う

（1目ゴム編み）8 号針

8 cm = 20 段

そでぐりの減らし目
1段ごとに3目を1回、
2段ごとに2目を1回、
2段ごとに1目ずつを2回、
4段ごとに1目を1回、
減らしながら編みます

［作り目］

一般的な作り目　※作り目を輪にする方法はP.111参照

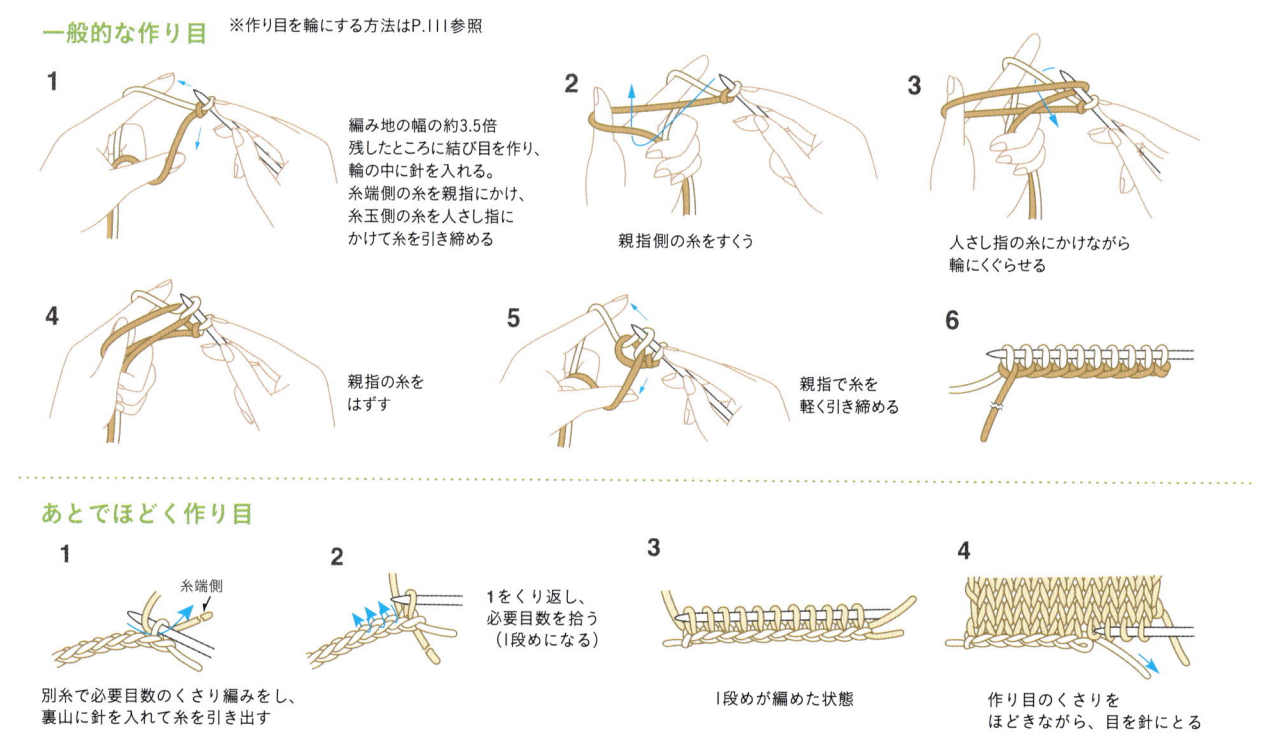

1

編み地の幅の約3.5倍
残したところに結び目を作り、
輪の中に針を入れる。
糸端側の糸を親指にかけ、
糸玉側の糸を人さし指に
かけて糸を引き締める

2

親指側の糸をすくう

3

人さし指の糸にかけながら
輪にくぐらせる

4

親指の糸を
はずす

5

親指で糸を
軽く引き締める

6

あとでほどく作り目

1

糸端側

別糸で必要目数のくさり編みをし、
裏山に針を入れて糸を引き出す

2

1をくり返し、
必要目数を拾う
（1段めになる）

3

1段めが編めた状態

4

作り目のくさりを
ほどきながら、目を針にとる

[編み目記号と編み方]

編み目記号は編み地の表側から見た、操作記号です。
例外（かけ目・巻き目・引き上げ目）を除き1段下にその編み目ができます。

表目

I
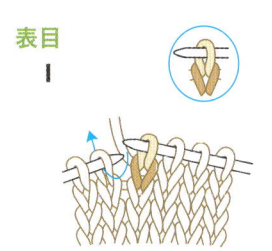

裏目
ー
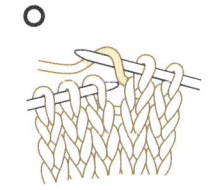

かけ目
○

ねじり目
Q
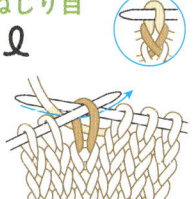

巻き目
W
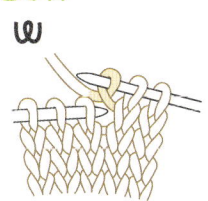

右上2目一度
Y
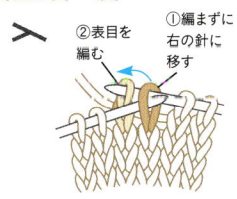
①編まずに右の針に移す
②表目を編む
②に①をかぶせる

左上2目一度
人
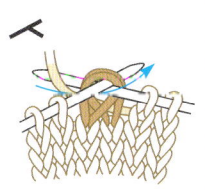
2目を一度に編む

左増し目
T
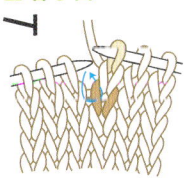
左針で2段下の目をすくって表目を編む

右増し目
T
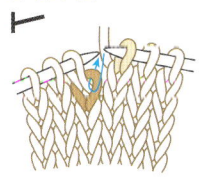
右針で1段下の目をすくって表目を編む

中上3目一度
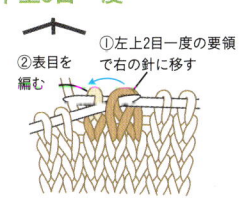
①左上2目一度の要領で右の針に移す
②表目を編む
②に①をかぶせる

すべり目
V
目を編まずに右の針に移し編み糸を後ろに渡す
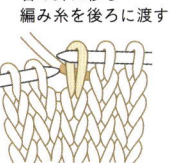
下の段の目が引き上がる

寄せ目
ノ
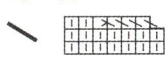 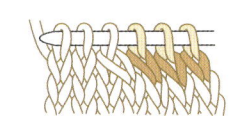
普通に表目で編んだ目が、減らし目または増し目で自然に傾いた目のこと

伏せ目
●
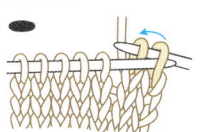
2目編み、2目めに1目めをかぶせる。次からは1目編み、右の目をかぶせる。裏目のときは裏目で伏せ止める

裏編みの記号の表し方
裏編みの記号は、記号の上に「ー」がつきます

ねじり目（裏目）
Q
1 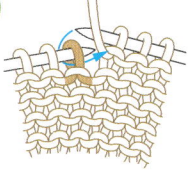 針を矢印のように入れる
2 裏目と同様に編む

右上2目一度（裏目） 人
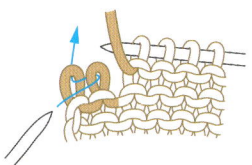
左の針を矢印のように入れ、目を入れかえて2目一度に裏目を編む

左上2目一度（裏目） 人
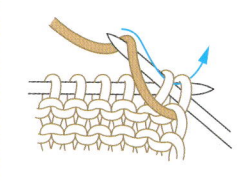

右上交差（2目）
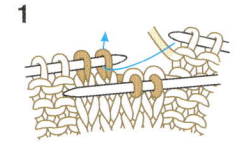
1 別の針に2目とって手前側におき、次の2目を表目で編む
2 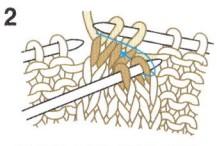 別の針の目を表目で編む

左上交差（2目）
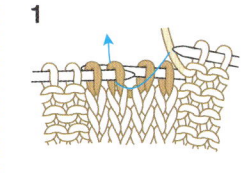
1 別の針に2目とって向こう側におき、次の2目を表目で編む
2 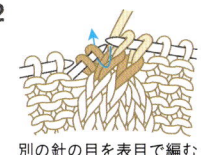 別の針の目を表目で編む

巻き増し目
左端で増す方法
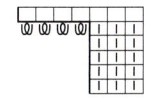 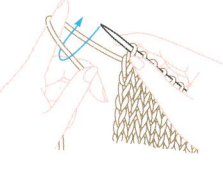
左手に糸をかけ、右の針で矢印のようにすくい、左手の指を抜く
必要目数を作る
必要目数

右端で増す方法
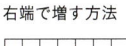 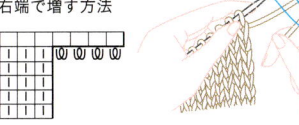
右手に糸をかけ、左の針で矢印のようにすくい、右手の指を抜く
必要目数を作る
必要目数
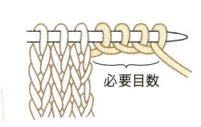

端で1目減らす方法

右側

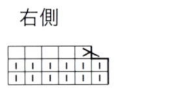

1
表目を編む / 編まずに右の針に移す

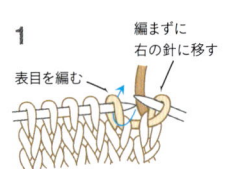

2 かぶせる

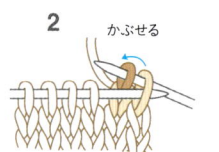

3

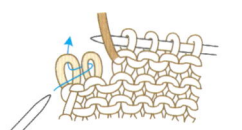

裏側で減らす場合

左の針を矢印のように入れ、目を入れかえて編む

左側

1

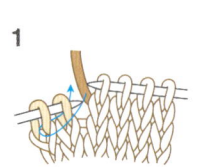

左端の2目を一度にすくう

2

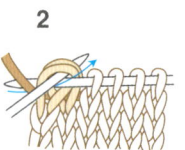

2目を一度に編む

3

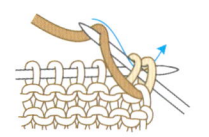

端で2目以上減らす方法

右側

なめらかなカーブにする減らし方

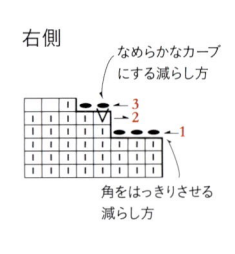

角をはっきりさせる減らし方

1 1段め

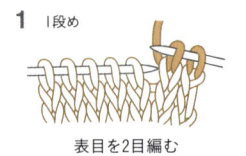

表目を2目編む

2

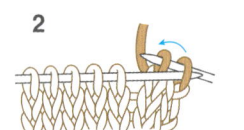

1目めをかぶせる

3

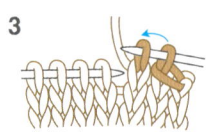

次の目を編み、右の目をかぶせる

4

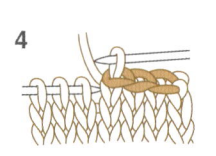

3をくり返す

5 3段め / 編まずに右の針に移す

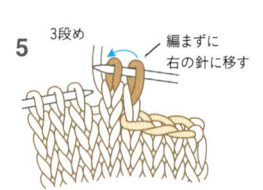

1目めは編まずに右の針に移す。2目めを編んで右の目をかぶせる

6

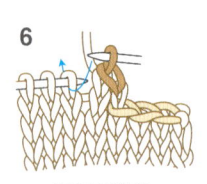

次の目を編む

7

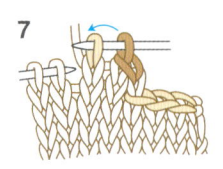

右の目をかぶせる

8 なめらかなカーブ

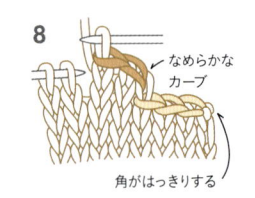

角がはっきりする

端で2目以上減らす方法

左側

なめらかなカーブにする減らし方

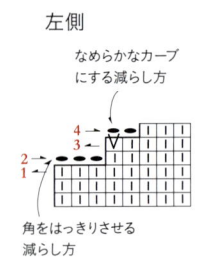

角をはっきりさせる減らし方

1 2段め

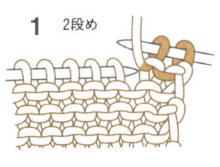

裏目を2目編む

2

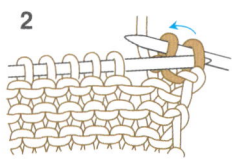

1目めをかぶせる

3

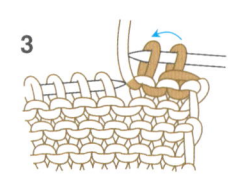

次の目を編み、右の目をかぶせる

4

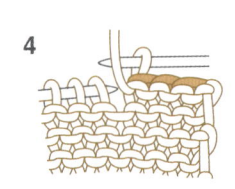

3をくり返す

5 4段め / 編まずに右の針に移す

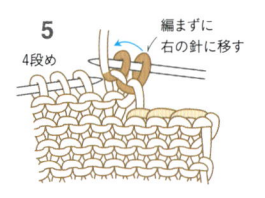

1目めは編まずに右の針に移す。2目めを編んで右の目にかぶせる

6 かぶせる

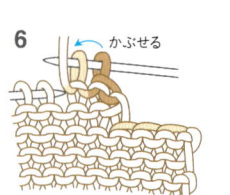

次の目を編み、右の目をかぶせる

7

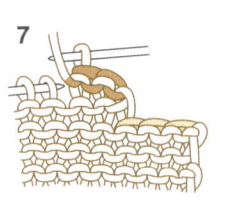

8 表側 / なめらかなカーブ

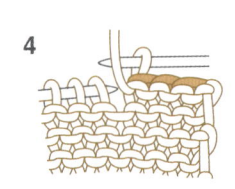

角がはっきりする

ねじり目で増やす方法

右側

1

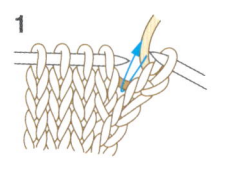

1目めと2目めの間の渡り糸を右の針ですくう

2

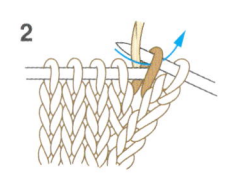

ねじり目で編む

3

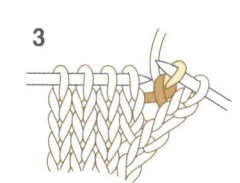

[とじ、はぎ]

かぶせ引き抜きはぎ
編み地を中表に合わせ、かぎ針で向こう側の目を引き抜いてから引き抜き編みではぎます。

1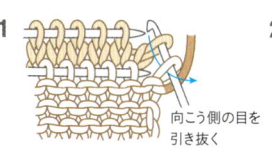
向こう側の目を引き抜く

2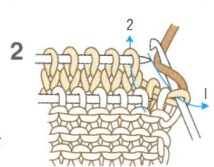

3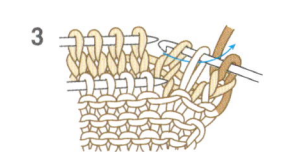

4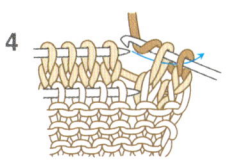

5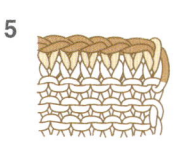

目と段のはぎ
普通ははぎ合わせる段数が目数より多いので、その差を等間隔に振り分け、ところどころで1目に対して2段すくいながら、平均的にはぎ合わせます。

1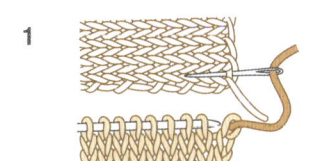

2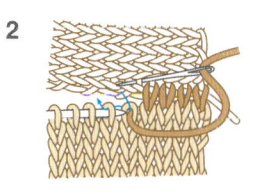

メリヤスはぎ

1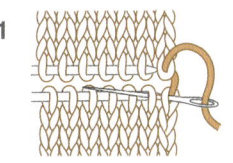
編み地をつき合わせ、表側から手前側の目に針を入れる

2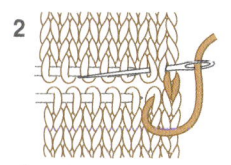
向こう側の目に針を入れ、目を作りながらはぎ合わせる

すくいとじ
残りの糸で、すそやそで口からとじ合わせます。

1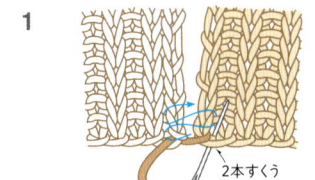
2本すくう

2

引き抜きとじ

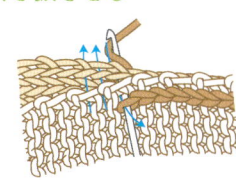
編み地を中表に合わせ、端から1目めと2目めの間に針を入れ、糸をかけてから引き抜く

[その他のテクニック]

ボンボンの作り方

1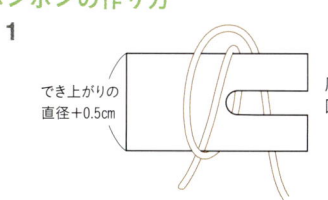
でき上がりの直径＋0.5cm
厚紙に指定の回数巻く

2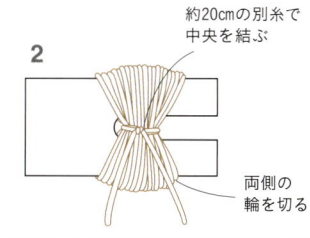
約20cmの別糸で中央を結ぶ
両側の輪を切る

3
ハサミで形よく切りそろえる

作り目を輪にする方法

1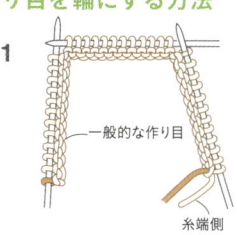
一般的な作り目
糸端側
必要目数の作り目をする。次に3本の針に分ける

2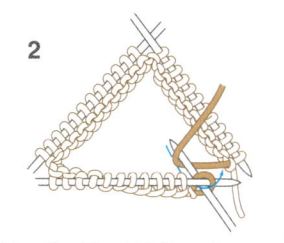
残りの針で最初の目を編み、輪に編んでいく（ねじれないように注意）

別糸の編み込み方

1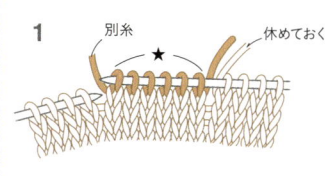
別糸
休めておく
指定の位置の手前で編んでいた糸を休め、別糸で指定の目数（★）を編む

2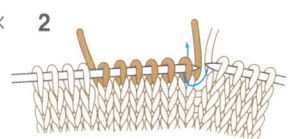
別糸で編んだ目を左の針に移し、別糸の上から続きを編む

目の拾い方

1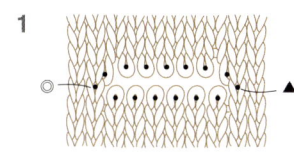
別糸をほどき、上下から指定の目数を3本の針に分けて拾う。◎と▲からは1目または2目拾う

2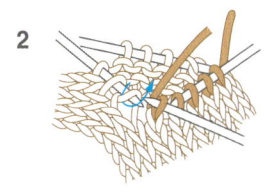
糸をつけて1段めを編む。◎と▲の部分は左の針で拾い、右の針で矢印の方向にねじりながら拾う

作品デザイン	青木恵理子
	風工房
	川路ゆみこ
	かんのなおみ
	河合真弓
	橋本真由子
	Miya
	横山純子
	ハマナカ企画

ブックデザイン	渡部浩美
撮影	滝沢育絵 (カバー、P.1〜38)
	中辻 渉 (プロセス)
スタイリング	串尾広枝
モデル	エネア ルッチ　匠海 ピュ
	ピーコック ルーニ　マコーミック エリカ
トレース	大楽里美　白くま工房
編集	小出かがり (リトルバード)
編集デスク	朝日新聞出版 生活・文化編集部 (森 香織)

オーガニックコットンで編む
赤ちゃんニット

編　著	朝日新聞出版
発行人	片桐圭子
発行所	朝日新聞出版
	〒104-8011　東京都中央区築地5-3-2
印刷所	図書印刷株式会社

©2019 Asahi Shimbun Publications Inc.
Published in Japan by Asahi Shimbun Publications Inc.
ISBN 978-4-02-333265-2

[撮影協力店]
AWABEES　TEL.03-5786-1600
UTUWA　　TEL.03-6447-0070

[糸・材料]
ハマナカ株式会社
〒616-8585　京都市右京区花園薮ノ下町2番地の3
TEL.075-463-5151 (代表)
http://www.hamanaka.co.jp
info@hamanaka.co.jp

印刷物のため、作品の色は実物とは多少異なる場合があります。

◎お電話等での作り方に関するご質問はご遠慮申し上げます。